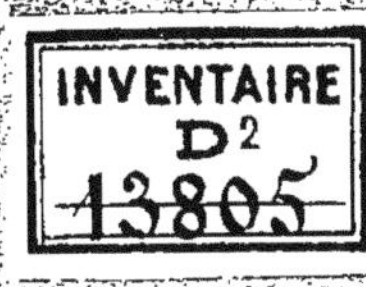

LE RETOUR DU CHRIST

APPEL AUX FEMMES

AVEC UNE LETTRE

DE

M. ALEXANDRE DUMAS

Membre de l'Académie française

PARIS

LIBRAIRIE MODERNE — JULES LECUIR ET Cᵉ

BOULEVARD MONTMARTRE, 17

—

1874

13805

LE RETOUR DU CHRIST

Paris. — Imprimerie Alcan-Lévy, 61, rue de Lafayette.

LE RETOUR
DU CHRIST

APPEL AUX FEMMES

AVEC UNE LETTRE
DE
M. ALEXANDRE DUMAS
Membre de l'Académie française

PARIS
LIBRAIRIE MODERNE
JULES LECUIR ET Cᵉ
BOULEVARD MONTMARTRE, 17

1874

Les épreuves du Retour du Christ *ont été remises, par M. E. G., à M. Alexandre Dumas, le 7 juin 1874.*

Voici la réponse de l'éminent écrivain :

Cher Monsieur,

'ai lu, je n'ai pas besoin de vous dire avec quel intérêt et quelle attention, les épreuves que vous m'avez confiées.

C'est écrit par un peintre, par un poète, par un prophète, peut-être.

Le triomphe définitif de Christ n'est pas douteux pour l'auteur, pas plus que pour moi ; mais je ne crois pas, comme lui, que le triomphe et le salut qui en découlera seront l'œuvre de la Femme et de Marie.

Je crois que, sans Marie, le Christianisme triompherait plus vite.

C'est Elle qui l'embarrasse dans une légende touchante, poétique, mais étroite, plus faite pour l'art que pour la conscience.

Je ne vois en Elle que l'éternelle curieuse qui veut faire changer l'eau en vin par Jésus, comme Elle a voulu faire manger du fruit de l'arbre de science à Adam, et à qui Jésus, pénétré de sa mission, répond : « Il n'y a rien de commun entre vous et moi. »

Elle ne sera jamais mon intermédiaire entre mon Dieu et moi.

Je vais droit à Christ, je la salue, en passant, parce qu'Elle est la Mère de Dieu et qu'Elle est pleine de grâce, si vous voulez ; mais nous n'avons rien à nous dire, et la preuve, c'est que, lorsque son Fils ressuscite, je ne la rencontre pas au tombeau.

Prenons garde à Marie ; c'est la Vierge, c'est la Mère, mais c'est toujours la Femme ; elle apparaît trop aux petites filles de la campagne.

De ce que l'Homme s'égare, ne concluons pas que c'est la Femme qui le remettra dans son chemin.

Elle ne peut que l'y suivre quand il l'aura retrouvé, et il le retrouvera *seul*.

Du reste, il y a matière à discuter éternellement sur ce sujet ; et je n'ai que quelques lignes écrites en hâte à mon service, pour aujourd'hui du moins.

Je suis dans la lecture du Père Didon. Je vais commencer sa quatrième conférence. Jusqu'à présent c'est irréfutable, et il n'y a pas un être pensant qui ne pense ainsi.

Sa forme est claire, loyale, simple, élevée, et le souffle chrétien y passe librement et largement par les portes et les fenêtres ouvertes sur tous les horizons. Nous allons probablement encore nous séparer quand nous allons arriver aux mystères de l'incarnation et de la divinité *en chair et en os* du Christ. Ici on ferme les portes et les fenêtres et on étouffe. On met l'Infini dans une matrice et il n'y reste pas, bien entendu. En même temps, l'homme supérieur qui se fait le propagateur de cette doctrine merveilleuse, est enfermé aussi dans un texte, dans une lettre dont il ne peut pas se dégager, lui, ce qui fait l'impossibilité de s'entendre.

Tout cela n'empêchera pas le Catholicisme de périr et le Christianisme de triompher.

Tout à vous,

A. DUMAS.

Le manuscrit du Retour du Christ *a été soumis, par M. A. S., au révérend Père Didon, de l'ordre de Saint-Dominique, le 18 mai 1874,*

Voici la réponse de l'éminent orateur catholique :

Mon cher ami,

e manuscrit de *la Dame inconnue* que vous m'avez soumis a vivement frappé mon attention.

En dépit de tout ce qu'il peut contenir d'hétérodoxe et que le *Pharisien* pourrait vertement relever, je ne saurais louer assez le vigoureux esprit de Foi qui l'a inspiré, qui éclate à travers toutes les pages et qui semble un souffle nouveau, en cette terre et en ce siècle usés.

Je ne parle pas de ce patriotisme éloquent qui se marie avec tant de puissance à l'élan religieux et qui devine si bien toutes les ressources qui restent à notre pauvre pays pour le relever de ses défaites.

Je crois que de telles pages sont en pleine opportunité, et qu'un tel cri (*car ce livre est un cri de la conscience*) portera coup, non-seulement en France, mais en Europe.

Faites tout pour que ce cri s'étende loin.

A vous en religieuse et forte amitié,

H. M. DIDON,
De l'ordre de Saint-Dominique.

I

L'ÉVEIL

I

L'ÉVEIL

LES ROIS-MAGES

OICI toujours l'Étoile. Éveillons la Femme endormie. L'Esprit créateur l'a visitée pendant son sommeil, des choses divines sortiront de son âme.

Réveille-toi, mère de l'avenir, fille immortelle du passé. Debout, Femme! Le soleil de la Vérité, de l'Amour et de la Justice va monter du fond des ténèbres.

Elle ouvre les yeux à la lumière de l'Étoile. Voici la myrrhe, voici l'encens, voici l'or incorruptible. Un monde nouveau va naître d'un monde ancien. Que les hommes l'ignorent et nous ignorent. Elle est debout : partons !

LA FEMME

Rêve étrange ! L'Esprit créateur me parlait sur une montagne lumineuse. Je l'écoutais avec délices ; et pendant que la musique de ses pensées divines descendait dans mon intelligence et se répandait dans les profondeurs de mon âme, à mes pieds je voyais une terre nouvelle, sur ma tête un ciel nouveau.

Mais, hélas ! je m'éveille, et c'est bien la même terre que lorsque je me suis endormie ; c'est bien le même ciel, et dans mon cœur les mêmes tristesses.

II

LA VOCATION

II

LA VOCATION

LA FEMME

O MARIE! sois notre défense, toi notre joie, toi notre orgueil! O protectrice céleste! souviens-toi de tes compagnes de la terre! Comme nous, tu as ouvert les portes sanglantes de la naissance, et tu as poussé des cris en franchissant le seuil de la vie humaine. Toutes nos douleurs ont été tiennes. Angoisses de l'esprit, désolations de l'âme, déchirements physiques, rien de ce que la Femme souffre ici-bas dans les femmes ne t'est demeuré inconnu.

Tu l'as vécue cette sombre vie terrestre. Les

épreuves, les sacrifices, le martyre incessant qu'elle nous impose, tu as tout supporté.

Les hommes ont crucifié ce que tu avais de plus cher. Leur brutalité, triste héritage de Caïn, a écrasé le fruit de tes mystérieuses amours.

Tu as vu se briser contre un gibet inventé et dressé par eux, l'effort suprême de la Femme en travail de son Dieu.

Ce sont eux qui ont dénoncé ton fils; ce sont eux qui l'ont condamné au nom de leur inique justice; ce sont eux qui l'ont tué, parce qu'il allumait une lampe dans leurs ténèbres, parce qu'il chassait les vendeurs du temple, parce qu'il n'était pas le fils ni le frère de leurs instincts, parce que tu l'avais fait de la race de Dieu, en t'unisant directement à l'Esprit Créateur.

Ah! le Stabat douloureux sort de lui-même de mon cœur, et tous les éléments lui prêtent une funèbre harmonie. L'air qui enveloppait la victime de la croix s'emplit de sanglots, la terre crie par ses mille cavernes; et les orgues de la mer enflées par les autans éclatent en symphonies lugubres.

Mais ce cri humain, ce cri déchirant, quel est-il? Plus grand que tous ceux de l'air, plus terrible que ceux de la terre, plus profond que les sanglots de la mer tumultueuse, il sort du fond de l'âme divine en proie aux hommes.

C'est le Médiateur, c'est le Messie, c'est ton Fils qui jette au loin, dans l'invisible, cette interrogation formidable, ce cri du Verbe expirant dans un monde sans foi : LAMMA SABACTANI !

Le soleil se voile sous un nuage de sang, les ténèbres montent de la terre. La justice des pouvoirs athées a eu raison de la folie divine, de la Foi, de l'Amour, de la Charité. Les juges comptent un succès de plus, les bourreaux sont contents de leur besogne, les soldats ricanent, et la foule de ces Déïcides grommelle comme une bête fauve dont les instincts sanguinaires sont momentanément assouvis.

Le peuple montre à Barrabas vivant le corps de Jésus. Le ciel demeure impénétrable.

Mais toi ? Nul testament n'a dit ce qui se passait dans ton esprit, dans ton âme, dans tes entrailles maternelles.

Tu n'as pas laissé de prêtresses pour interpréter ta muette douleur.

Tu es restée ployée au pied de l'arbre de la mort, anéantie sous l'iniquité des hommes, vivante et morte cependant sous les coups dont ils avaient frappé le Dieu que tes amours surhumaines leur avaient donné en pâture.

Et comme tu avais ouvert à Dieu les portes de la vie humaine, tu les refermas pieusement sur lui, en accomplissant les rites navrants des funérailles.

Tu disparus ensuite, appuyée sur le disciple bien-aimé du Maître, silencieuse comme l'ombre d'un cadavre parmi des assassins; et la porte de la mort s'est refermée sur toi, comme elle se fermera sur nous.

Depuis, des peuples ont associé ta gloire à celle de ton Fils. Des cultes ont proclamé que tu étais devenue la Reine du ciel. En orient, en occident, sur la terre, sur la mer, les âmes en peine ont invoqué une mère divine, l'Eve transfigurée, la Femme victorieuse de la nature, et rentrée en possession de la vérité, de l'amour, de la lumière du Verbe créateur.

La société terrestre fondée par l'harmonique effort de l'Esprit, de toi, Vierge-Mère, et de ton Fils, développée par les Apôtres, les Confesseurs et les Martyrs, s'est élevée vers le ciel, et en a réfléchi l'image.

De l'empereur assis sur son trône, à l'humble ouvrier de la glèbe, tous les rangs ont reconnu l'autorité divine du Père, la loi sainte du Fils, l'influence vivante de l'Esprit, l'œuvre incarnée en toi, avant de l'être dans la communion des fidèles.

Ainsi fut momentanément réalisé sur la terre l'ordre qui règne dans les cieux.

Le même esprit et la même âme animaient tous les degrés vivants de la hiérarchie humaine.

Les mœurs, les lois, les principes étaient d'accord comme une lyre bien montée.

Peuples, souverains et prêtres accomplissaient leurs destinées dans les lumières divines; et les œuvres des hommes s'élevaient comme un encens vers le ciel, offertes en holocauste à la Trinité sainte par leur père spirituel, image terrestre du Père céleste, apôtre du Médiateur né de tes amours avec l'Esprit.

Alors, pour nous, la société des hommes était bonne. Reine, châtelaine ou paysanne, la Femme acceptait avec joie sa destinée. Elle avait la Foi, l'Espérance et la Charité pour guides; et ces trois vertus divines habitaient les foyers et protégeaient la famille. Elles défendaient la Femme comme vierge, l'élevaient comme épouse, la sanctifiaient comme mère.

Les instincts originels de l'Homme étaient domptés par sa conscience; l'honneur était le guide de ses actions. Craignant le ciel, il n'abusait pas de la terre; et la femme respectait en lui l'image du Dieu vivant qui l'avait visitée en toi.

En ces temps, la naissance était une fête à laquelle on conviait les Élus et les Saints. Hôtes invisibles, ils s'asseyaient au foyer des ancêtres; et la

Femme enfantait au bruit des chants joyeux. Quelles que fussent ses peines physiques, son âme avait Foi dans la vie, Espérance au-delà de la mort; et la Charité lui rendait tolérable la part de maux que comportait sa destinée.

En ces temps, la mort même n'était plus un objet d'épouvante. Le Christ en était sorti victorieux, montrant aux hommes la voie lumineuse qui mène à la vie éternelle; et toi, sa Mère transfigurée, tu avais montré aux femmes comment on retourne au ciel, quand le corps n'enchaîne plus l'âme, et quand elle a été épousée par l'Esprit.

En ces temps, la vie avait autant de consolations que d'épreuves. L'exemple récent des Saints, des Confesseurs et des Martyrs était encore vivant dans les mémoires; il criait haut dans les consciences. Les Saintes étaient notre refuge contre les hommes pervers, les Martyres nous enseignaient le dévouement et la résignation; les chants pieux qui montaient du fond des thébaïdes étaient comme la brise printanière de la grande renaissance, et l'espérance leur répondait en nous par des hymnes à ta gloire.

En ces temps, la Femme était fière de l'Homme. Père, frère, époux et fils, chacun portait en lui l'image du nouvel Adam qu'elle avait conçu. Chacun était membre du corps vivant du Christ. Prêtre ou chevalier, apôtre ou soldat d'une même idée, savant ou poète, portant la croix, le glaive, la lampe ou la lyre, tous, jusqu'aux plus humbles, étaient inspirés du même esprit de devoir, servaient la même cause; et cette cause divine leur prêtait sa grandeur, et les illuminait des rayons de sa vérité surhumaine.

En ces temps, les pouvoirs n'étaient point athées; ils n'avaient pas pour lois la ruse et la violence, le mensonge et la brutalité. Revêtus de l'autorité divine, ils avaient un père sur la terre, et cette paternité les rattachait au ciel; ils avaient une mère ici-bas, et cette mère, l'Église, les enveloppait de son auréole et les consacrait au nom de son Époux divin.

Aussi les peuples, soumis aux pouvoirs qui les régissaient, étaient comme une famille où la discorde n'entre que pour s'en voir chassée par le père, où l'irrévérence se tait devant un regard de la mère, où l'impudeur de l'Homme s'arrête à la rougeur pudique des femmes.

Société, famille, lois et mœurs, toute la chrétienté était comme un temple vivant. Des lumières saintes y brillaient; des musiques divines y chantaient; l'encens des œuvres y embaumait la vie publique et privée. L'humanité redressée touchait au ciel et baignait sa tête dans les rayons de l'auréole du Christ, dans l'azur de ton écharpe immaculée;

et, sous ses pieds, l'enfer était refermé sur l'Antechrist et sur l'Anti-Dieu.

Eh bien ! il s'est rouvert, et le ciel s'est fermé d'épouvante. Les lumières d'en haut se sont éteintes pour la terre; les flammes d'en-bas se sont rallumées, rouges, sanglantes, et tout a pris soudain un aspect fantastique, effrayant, infernal.

D'abord a éclaté la lutte des pouvoirs contre l'autorité, et l'ombre gigantesque de l'Antechrist s'est dressée du fond de l'abîme pour étouffer l'Église et la déchirer en lambeaux. Les pouvoirs en ont pris chacun un morceau sanglant et l'ont foulé aux pieds, après avoir entrechoqué les membres divisés et saignants du Christ.

Ensuite, meurtriers de leur mère et de leur père, les pouvoirs sont devenus fratricides.

La ruse et la violence ont été la seule loi de leurs rapports.

L'ombre infernale de l'Antechrist a étendu sa main sur eux : ils se sont rués dans des guerres impies; et le sang des peuples a ruisselé pour des causes qui n'étaient plus celles de la foi, de la justice ni de l'honneur.

Enfin, à bout d'espérance, voyant foulée par leurs pouvoirs la loi de charité, les peuples ont perdu patience.

L'Anti-Dieu s'est alors dressé en eux, et sa tête a fixé sur l'Antechrist des yeux chargés de rouges éclairs. Ses poings se sont armés de tonnerres infernaux, et il les a brandis sur les pouvoirs en s'écriant : « Quelle est votre foi commune? La ruse et la violence! Quelle est votre loi? La guerre! Eh bien! guerre à mon tour, mais non pour vous, mais à vous! »

Alors, pendant que l'Anti-Dieu poussait les peuples contre les pouvoirs prévaricateurs, l'Antechrist appelait les anciens meurtriers de Jésus, les persécuteurs infatigables de ses Apôtres.

Sa bouche parlait dans les ténèbres, et par les quatre vents elle criait à travers les villes chrétiennes : « Levez-vous, enfants de Juda! voici l'heure venue pour vous de saisir la domination de la chrétienté! »

Et les fils de Juda, s'élançant de leur tanières, se sont rués sur le monde chrétien; ils ont réédifié des temples au veau d'or, et se sont asservi à la fois les peuples et les pouvoirs.

Maintenant ce sont les intérêts d'en-bas qui règnent; et il n'est rien qu'ils ne tiennent sous leur loi.

Les cultes divisés, les pouvoirs ébranlés, les peuples mis en délire, tout subit leur pression terrible.

Les instincts de l'Homme ont cessé d'être enchaînés par la conscience de sa divine destinée; ils ont de nouveau dévoré les fruits de l'arbre de la science; mais non pour en alimenter son esprit ni son âme, ni pour les assimiler à sa vraie nature.

L'Eden primordial s'est de nouveau fermé; le ciel de l'Homme nouveau s'est voilé d'une nuée ténébreuse; la terre est sans souvenir comme sans espérance; et les hommes sans foi n'ont plus d'amour que pour leurs ombres.

Aussi, tout est surbaissé comme eux; leurs œuvres déprimées portent la marque de la mort, et, comme les atomes d'un cadavre, chacun réclame ses droits, tous se délient de leurs devoirs.

La science est devenue le scandale des esprits; l'art, le scandale des âmes. Les œuvres de l'industrie, plus fortes que leurs créateurs, les tiennent prisonniers sans qu'ils en puissent sortir.

Marquées du sceau de l'Anti-Dieu, du stigmate de l'Antechrist, toutes les choses dont ils se glorifient tournent à leur honte et à leur ruine.

Les trésors que le ciel avait confiés à la garde de leur intelligence sont gaspillés comme un patrimoine par des fils affolés de luxure; et ce qui devrait leur donner le bonheur n'engendre parmi eux que la dégradation.

Aussi, tous les liens sacrés de l'intelligence et tous les rapports célestes des âmes sont rompus ou corrompus.

Le déluge des mœurs antechristiques s'enfle en bas sous la pression des lois athées.

Le vieillard ne se reconnaît plus qu'à ses cheveux blancs : les deux pieds dans la tombe, il grimace la concupiscence.

Le jeune homme est semblable à une lampe sans huile : ce n'est plus la flamme généreuse qu'on voit étinceler dans ses yeux, mais le feu des désirs infernaux, voilé sous la fumée des passions malsaines.

L'Homme n'a plus d'homme que l'effigie ; encore cette effigie est-elle déchue de la noblesse de ce qui l'animait.

Ce n'est plus de Dieu qu'il descend, c'est au *singe* qu'il demande ses origines.

Tels sont les hommes sous le règne de l'Antechrist, sous la domination de Anti-Dieu ; et, s'il en est parmi eux qui soient demeurés les fils de ton hymen avec l'Esprit, ils souffrent, et leur vie est un martyre ; car ce ne sont pas eux qui guident les pouvoirs ni qui conduisent les peuples ; ce ne sont pas eux qui dirigent la science, ni qui inspirent l'art ; ce ne sont pas eux qui tracent à l'industrie sa voie : hélas ! ce sont les autres !

Ah! le sort des hommes restés fidèles à la Vérité est à plaindre dans un pareil monde!

Aussi les chants du désespoir ne manquent pas à ce siècle infernal.

Au nord et au midi, à l'orient, à l'occident, les harpes des prophètes ont de nouveau retenti; mais, cette fois, elles se sont brisées de fureur, car Satan voulait les acheter pour ses saturnales.

Mais c'est aux hommes d'en appeler au Christ; nous, Reine du ciel, nous en appelons à toi! Reine, nous sommes en proie à la stupidité des enfants de l'Anti-Dieu, à la vénalité des prêtres de l'Antechrist, à la brutalité des fils de la Bête triomphante!

Reine, les mâles ont remplacé les hommes; l'Esprit, ton immortel époux, a cessé de les animer; le mariage n'est plus qu'un hypocrite accouplement!

La ruse et la violence se sont assises au foyer de la famille, comme sur le trône des rois; et, l'Homme ayant revendiqué la violence, la Femme a revendiqué la ruse.

Reine, reine divine, on achète tes prêtresses et on les vend.

La vénalité empoisonne du haut en bas les amours de l'humanité; il n'est plus rien de divin en elles : les baisers des lèvres ne sont plus le sceau de l'union des âmes.

Reine, reine divine, mère immaculée du Christ, la Femme a cessé d'être mère en esprit et en vérité ! Les hommes s'emparent du fruit de ses entrailles ; ils y écrasent les germes de l'immortalité ; ils les pétrissent à leur image ; et la Femme ne reconnaît plus dans ses enfants que la chair agitée par l'esprit de la chair !

Ah ! c'est à nous maintenant d'entonner l'hymne muet de la douleur, le sourd cantique du désespoir, la litanie des sanglots !

C'est à nous de ployer les genoux devant la mort de l'Homme.

O Marie ! dans ton Fils, ils n'avaient crucifié que la chair ; mais aujourd'hui c'est l'Esprit qu'ils mettent en croix. Et quelle croix ! Elle s'étend d'un pôle à l'autre, elle couvre l'équateur, et c'est la divinité de l'Homme que les fils de l'Anti-Dieu clouent aux branches mortes de l'arbre de la vie, enlacées aux rameaux desséchés de l'arbre de la science !

O Nature céleste ! prête-moi toutes les harmonies des choses créées ! L'air, la terre, les mers, que tout s'écrie, que tout proteste ! Que les plaintes des vents se mêlent aux cris des cavernes, aux lamentations des vagues ! Que tous les éléments s'unissent sous la pression de mon âme comme des orgues gigantesques, et qu'ils emportent jusqu'au fond des cieux le LAMMA SABACTANI de la Femme !

A travers l'espace et le temps, à travers le tourbillon des mondes et des destinées, à travers le fracas des éléments, le bruit des créatures et l'harmonie des puissances créatrices, j'ai entendu la voix qui monte de la terre, la voix de la Femme criant vers moi.

L'appel de son âme immortelle a retenti jusqu'au fond de mon âme divine.

Dieu le Père m'a permis de répondre, l'Esprit dictera les paroles de l'Épouse, et le Christ au besoin parlera pour sa Mère. Sur un geste de ma main, les symphonies célestes s'arrêtent, les esprits bienheureux suspendent leurs concerts; tout le ciel fait silence : on écoute la voix religieuse de la Femme.

LA FEMME

Dieu! mon rêve était donc une prophétie! Gloire à toi dans le ciel! Et qu'on s'éveille sur la terre!

III

LES ÉPREUVES

III

LES ÉPREUVES

LA FEMME

C'EST à vous de répondre, enfants, jeunes filles, épouses, mères, aïeules !

Debout, chœurs terrestres de tous les rangs, de tous les âges !

Puisque les symphonies célestes s'arrêtent sur un geste de la Reine divine, que celles de la terre s'élancent à ma voix vers le ciel !

De toutes les cités, de toutes les villes, de tous les villages, des hameaux, des bourgs, des palais, des châteaux, des ateliers, des cottages, des chaumières, des chalets, que les rives des fleuves, des lacs et des torrents, que les bords retentissants de la mer, que les vallées et les montagnes, que les continents et les îles tressaillent!

Que toutes les âmes des femmes s'éveillent palpitantes aux accents de l'Épouse de l'Esprit!

Que l'orchestre immense se prépare, et qu'aux volées de l'Angelus du matin des millions de voix féminines s'envolent comme une armée de colombes sur l'hymme aérien des oiseaux.

A vous d'abord, bercelonnettes et berceaux, couchettes blanches et roses, nids dorés par les rayons du luxe ou par les brins de paille de la misère!

Du fond de l'orient, l'aube vient sur des ailes frémissantes; elle chante, et vous sourit. De ses seins rayonnants de blancheur elle fait jaillir sur vos yeux le lait de la lumière divine.

Que toutes les petites mains applaudissent et se joignent!

Que toutes les petites têtes blondes se dressent!

Que toutes les âmes immaculées se déploient comme des champs de lys!

Que toutes les bouches roses s'entr'ouvrent comme des écrins!

Angelus! Angelus!

Qu'au babil argentin des petites commence le colossal oratorio!

LA PRIÈRE DES PETITES

Salut, Marie, pleine de grâces! A toi la Foi, l'Espérance et l'Amour, ô Maternité céleste!

Dis au Père de veiller sur ses enfants exilés; à l'Esprit, ton Époux, de nous aimer; au Christ, ton Fils, de revenir; car nous allons mourir au ciel en naissant à la terre.

Ferme tes yeux sur la vie que les hommes nous préparent, et daigne les rouvrir sur notre mort, afin que nous renaissions à une vie meilleure. AMEN!

LES ENFANTS DES RICHES

Pourquoi nos mères sont-elles absentes?

Pourquoi suçons-nous les mamelles de la mercenaire?

Les baisers qu'on nous donne ne sont pas ceux de la Foi, de l'Espérance et de l'Amour.

Où est notre père?

A peine l'avons-nous entrevu.

Pourquoi notre mère ne nous voit-elle qu'à la dérobée? Les oiseaux cependant ne sont jamais délaissés par la leur; elle reste pour continuer à leur donner la vie; elle les réchauffe de la chaleur de son cœur; elle étend ses ailes palpitantes sur eux; elle regarde avec inquiétude autour du nid si le milan et l'épervier ne les guettent pas; elle les défend contre les reptiles.

Mais nous, quand notre mère vient, ornée de parures magnifiques, c'est pour s'envoler aussitôt.

Sans doute qu'il n'est point de danger pour nous.

Pourtant les baisers de notre mère sont doux, plus doux que le lait de la mercenaire.

Mais pourquoi sentons-nous que son âme est troublée? Pauvre mère! qu'a-t-elle qui la sépare de nous?

Des parfums étranges la précédent et la suivent.

Elle disparaît comme dans un tourbillon.

Où va-t-elle, ô Marie?

Notre cœur se met à battre plus fort à son approche; notre âme s'est épanouie sur nos lèvres; quelque chose de ta présence divine a rayonné en nous; puis notre cœur s'est contracté, notre âme s'est refermée, la présence divine a cessé.

Adieu, rayon béni! lumière et chaleur maternelles!

Nous nous prenons à pleurer; et la mercenaire, qui songe à ses enfants abandonnés, nous berce avec un chant triste comme nous.

LA MERCENAIRE

Elle est partie, et je suis là! Dormez, hélas! dormez, mignonnes! Vous vous réveillerez trop tôt.

LES ENFANTS PAUVRES

O notre mère, qu'as-tu?

Notre père est parti en blasphémant.

Pourquoi ces larmes qui ruissellent de tes yeux? Pourquoi ces sanglots qui brisent ta poitrine?

Ouvre tes bras, ô notre mère! Presse nos cœurs contre le tien pour qu'ils apaisent tes sanglots; presse nos têtes blondes contre la tienne pour que nos baisers essuient tes larmes!

Qu'importe si la huche est vide ce matin? La Vierge Marie veille sur nous. Son Fils n'a pas en vain donné au monde la charité divine.

Tes mamelles tarissent? Notre amour en grandit d'autant, car tu es bonne, ô notre mère! Tu es belle, ô notre mère! Tes haillons sont resplendissants comme l'azur du ciel, leurs déchirures sont comme des étoiles.

Marie fut pauvre comme toi; et nous t'aimons comme l'enfant Jésus aimait sa mère.

Ouvre tes bras, ô notre mère! Presse nos cœurs

contre le tien pour qu'ils apaisent tes sanglots; presse nos têtes blondes contre la tienne pour que nos baisers essuient tes larmes !

LA MÈRE PAUVRE

Je suis belle : vous vivrez. Ce soir Satan remplira mes seins. Mais mieux voudrait pour nous la mort, mes pauvres filles !

LES ORGUES DANS LES CATHÉDRALES

Kyrie eleison!
Christe eleison!
(Le tonnerre leur répond dans les cieux.)

LA FEMME

A vous, jeunes filles brunes et blondes. Levez-vous dans la fleur de vos seize printemps ! Debout, moisson humaine des amours de la Chrétienté !

O jeunesse ! ô magie ! tu portes en toi l'espérance ; la foi rayonne dans tes yeux ; l'amour marche dans ta grâce.

Ah ! si les hommes savaient les mystères qui sommeillent en toi, ils tireraient de ta moisson toute une humanité nouvelle ; mais ils n'en veulent qu'à la paille, et marchent sur le froment sacré.

Lève-toi donc, ô phalange sainte, et que la Femme parle en toi !

LES JEUNES FILLES

Jetons nos livrées noires, et courons nous baigner dans les rayons de la lumière !

Le soleil monte au plus haut des cieux ; sa chaleur est dans nos cœurs.

Les oiseaux amoureux s'agitent, volent et chantent dans les ramées. Leur musique répond à celles qui retentissent en nous, musiques muettes et célestes ; mais qui donc les entendra comme nous ?

La brise balance comme un encensoir les fleurs des parterres embaumés. Cueillons des fleurs, tressons des couronnes ; mais qui donc sera notre roi ? O beau soleil, azur resplendissant, oiseaux qui chantez dans les bois, fleurs charmantes, ô brises embaumées, ô terre ! qui donc sera le roi céleste de notre fête, de notre vie ?

L'Angelus de midi va sonner. Les colombes et les passereaux tourbillonnent sur les clochers.

Que n'avons-nous comme eux des ailes pour franchir l'étendue ! Nous interrogerions d'en haut la vie, nous en sonderions les mystères, nous cher-

cherions le roi aux quatre points de l'horizon, le roi qu'appellent nos tendresses !

Mais non, il faut rester captives derrière les murailles et les grilles.

Pendant ce temps, le roi s'éloigne; nous l'ignorons comme il nous ignore; peut-être cherche-t-il la reine, peut-être meurt-il du désespoir qu'aucune voix ne réponde à ses chants.

O Marie, bienheureuse Marie ! les Mages sont venus d'Orient t'apporter l'or, l'encens, la myrrhe. Une étoile les guidait. Des anges sont venus du ciel te chanter l'hymne de l'Esprit. O bienheureuse ! ô bienheureuse ! Aussi tu fus la mère du Christ.

Mais nous, qui nous chantera le cantique d'amour de l'Esprit ? Quels mages nous apporteront l'emblème des connaissances divines, la myrrhe, l'encens et l'or incorruptible ? Quel roi des sciences cachées de la vie découvrira l'Étoile des amours et des alliances nouvelles ? Les anges ne quittent plus le ciel, les Rois Mages ont quitté la terre; l'Étoile a disparu de notre firmament.

Nous avons vu pleurer nos mères. Quand elles parlent de l'amour, elles nous éloignent ou baissent la voix. Elles sont sans amour pour nos pères, qui traînent leurs amours loins d'elles; ils se taisent quand nous sommes présentes, mais des paroles courroucées sont parvenues jusqu'à nous.

Qu'est-ce donc que la vie comme les hommes la comprennent? J'ai lu à la dérobée des romans et bien des histoires. Si c'est ainsi, hélas! Quel réveil pour mon beau rêve!

Si tel est leur amour, il est sans foi, et notre vie sera sans espérance, jusqu'à ce que la foi et l'amour puissent s'accorder en eux comme en nous.

N'existe-t-il donc pas, le fiancé, l'inconnu vers lequel s'envolent nuit et jour nos prières et nos songes, nos soupirs et nos extases?

Ah! s'il n'existe pas, gardons plutôt fermée l'amphore de nos tendresses. N'ouvrons pas les tabernacles de l'amour à la profanation de la brutalité.

On nous élève pour plaire et pour charmer; mais nous sentons vaguement que nous pouvons faire plus : nous devons élever des hommes, et nous ne souffrirons plus qu'ils nous abaissent.

Ils se targuent de leur science; mais à nous les mystères de la vie! A nous le foyer, la famille, les intuitions profondes de l'avenir, les grands pressentiments de toutes les choses divines, le recueillement de la création, l'épanouissement religieux de l'âme en travail de l'Esprit, l'enthousiasme sacré de l'intelligence cherchant le génie.

O Vierge! ô Marie! des puissances magiques s'éveillent en nous. Le fiancé véritable, tu l'as connu : c'est l'Esprit qui descend des cieux et non l'homme qui se courbe sur son ombre.

Ah! puisse l'intelligence des jeunes hommes recevoir la visite de l'Esprit; puissent-ils se redresser vers le ciel, afin que nous ne soyons plus seules sur la terre.

LES SŒURS

Silence, imprudentes! Contentez-vous du sort qui vous est fait.

LES JEUNES FILLES

La foi brise ce qui s'oppose à elle, et nous voulons que le règne de Dieu arrive. La volonté humaine, éclairée par la foi, échauffée par l'amour, n'arrête qu'en Dieu l'essor de l'espérance; et le Fils de Dieu, priant son Père, ne lui a-t-il pas dit lui-même : *Que ta volonté soit faite sur la terre comme au ciel...?*

N'est-ce pas le vœu de Dieu que les hommes soient à son image? Pourquoi la vie sur la terre ne serait-elle pas vraie, aimable et belle comme au ciel?

LES SŒURS

Un gouffre infranchissable sépare le ciel de la terre.

LES JEUNES FILLES

La terre est dans le ciel. Il n'est plus d'abîme entre eux. Jésus et la Vierge ont rétabli la voie qui unit l'Homme à Dieu, pourquoi l'Homme et la Femme n'y marcheraient-ils pas? La lumière n'est-elle pas venue dans le monde? Le Verbe n'a-t-il pas été fait chair? La Femme épousée par l'Esprit n'a-t-elle pas engendré le Messie?

LES SŒURS

Ecoutez la voix de vos prêtres et cessez de demander l'impossible. La terre est un lieu d'épreuves : on en sort pour tomber dans le gouffre de l'enfer ou pour s'élever dans le ciel.

LES JEUNES FILLES

Le ciel et l'enfer ne sont pas un lieu de l'espace, mais un état des âmes.

On porte partout le ciel quand on est heureux, et partout l'enfer quand on souffre.

Nous écoutons les prêtres; mais la vie parle, et nous ne pouvons pas ne pas la comprendre. Elle nous dit que le bonheur de l'humanité est la volonté de Dieu, que le bonheur de la Femme est de croire, d'aimer et d'espérer.

Pourquoi les hommes n'ont-ils plus rien de leur céleste origine? Pourquoi n'aiment-ils plus en nous qu'eux-mêmes? Car la vie nous crie tout cela.

Ah! l'enfer, c'est la solitude de l'Esprit exilé de la Vérité, de l'Ame exilée de l'Amour, du corps exilé de la santé.

La santé divine monte de nos cœurs à nos joues; la jeunesse rit dans nos corps, nos âmes sont palpitantes d'amour; mais, comme une harpe pleine d'hymnes, nous attendons le génie qui doit nous évoquer.

Où donc est l'Esprit qui nous dira la vérité de l'amour; où donc est l'époux qui nous aimera en vérité?

Ah! qu'il se hâte d'accourir! Le luth de l'ange annonciateur accordera ses paroles aux élans de notre âme; sa vue sera plus belle que l'or résplendissant; elle allumera dans nos veines l'encens des amours incorruptibles, la myrrhe des mariages indissolubles.

LES SŒURS

Hélas ! hélas ! coupez vos longues chevelures ! demeurez parmi nous, vous qui pensez, vous qui voulez aimer à la lumière de l'Étoile divine.

LES JEUNES FILLES

Eh quoi ! n'est-il plus de bonheur hors de la mort ?

LES SŒURS

Les hommes ont sacrifié l'Homme que vous cherchez.

LES JEUNES FILLES

Qu'il revienne donc, alors, s'il nous aime ! Cette fois, nous le défendrons contre les hommes.

LA FEMME

Maintenant, à vous, épouses de tout rang, mères de toute condition ! Aux accents de la Femme, reprenez conscience de votre destinée divine, et comparez-la avec le sort que vous font les hommes et le monde qu'ils ont bâti à leur image.

Vous pouviez être heureuses dans un monde heureux, et tous les moyens du bonheur sont entre les mains de vos législateurs et de vos maîtres.

Leurs lois sont-elles le fruit de la science de la vie ? Est-ce le Médiateur qui les a dictées?

Vos maîtres sont-ils les représentants de l'Esprit créateur ? Sont-ce les fils de l'Homme-Dieu ou les rejetons des barbares ?

Vos pensées et vos consciences reconnaissent-elles en eux des maîtres, ou sont-ils simplement les serviteurs, les esclaves de leurs passions sans lois et de leurs instincts sans règle ?

Marie a réparé la faute d'Eve ; l'une avait enfanté Caïn en s'unissant à l'homme primitif, l'autre a engendré l'Homme-Dieu en s'unissant directement à l'Esprit.

La responsabilité des maux de ce monde ne pèse plus sur la Femme.

Vous aviez droit à la Vérité, à l'Amour, à la Justice. Si le royaume de Dieu n'est pas de ce monde, il ne s'ensuit pas qu'il n'en doive pas être. L'unique prière du Christ ne dit-elle pas : « *Que ton règne arrive, que ta volonté soit faite sur la terre comme au ciel !* »

A quoi servirait la Vérité, si ce n'est à nous racheter de l'erreur; l'Amour, si ce n'est de nous affranchir de la haine; la Justice, si ce n'est à nous délivrer de l'iniquité ?

Est-ce la Vérité, est-ce l'Amour, est-ce la Justice qui gouvernent ceux qui vous gouvernent ?

Sont-ils les frères de l'Homme-Dieu, les fils du Père de toute vérité, de tout amour et de toute justice, ou n'ont-ils de fraternité qu'avec les bourreaux du Dieu fait Homme, et ne sont-ils que les fils de la terre comme les hommes des bois ?

Est-ce l'auréole ou la grimace de l'humanité divine qui apparaît, quand ils se montrent dans la nudité de leurs œuvres et de leur vie ?

Femmes, souvenez-vous du ciel et regardez de haut la terre! Souvenez-vous de Dieu, et regardez, à ses lumières, les hommes et les choses qu'ils ont faites.

La Femme a donné à l'Homme le fruit de ses amours avec l'Esprit créateur.

Qu'ont fait les hommes ?

Ils ont mis Jésus à mort; mais tous, dans la Chrétienté, ont à rendre compte de l'œuvre du Christ.

La Femme a droit à ce que l'Homme lui rende la Vérité, l'Amour, la Justice, qui sont l'esprit, l'âme et le corps du Dieu fait Homme.

Ce droit est en même temps le plus sacré de

tous les devoirs, car l'Esprit qui s'est uni à elle veut qu'elle enfante des hommes à l'image de Dieu et non des descendants à l'animalité.

Si vos mâles sont vraiment des époux, s'ils sont hommes en esprit et en vérité, oubliez ce que j'ai dit, car ce n'est pas pour vous que j'aurai parlé.

Si la société terrestre réalise les promesses du Christ, si vous êtes mariées à ses frères et non accouplées à ses bourreaux, aux renégats de la foi, de la loi d'amour; si vous êtes heureuses, enfin, épouses de tout rang, mères de toute condition, ne répondez pas à ma voix : le bonheur est silencieux comme le ciel.

Mais si vous êtes malheureuses, et si vous enfantez des malheureux, songez que la responsabilité de tous les maux de la vie humaine pèse désormais sur les hommes seuls; et, s'il faut tolérer le présent, sauvegardez au moins l'avenir.

Lève-toi, lève-toi, Maternité céleste, étoile rayonnante au fond de l'âme des femmes!

Dressez-vous, épouses! Si vous devez vos corps aux hommes qu'habite l'Esprit créateur, vous ne devez que le mépris à ceux qu'animent les instincts et les passions de la Bête!

Le condamné subit la loi du plus fort; mais il est d'autres forces que la brutalité, d'autres lois que le mensonge, la haine et l'iniquité!

Rien ne peut empêcher l'Épouse de protester contre l'accouplement, au nom du mariage véritable, contre l'engendrement des faux hommes, au nom de la Maternité.

Christ nous a légué des promesses écrites. Qu'un immense élan vers lui nous sauve.

La société chrétienne tremble sur ses fondations; l'Église divisée menace de s'écrouler sur elle; les pouvoirs ébranlés ne reçoivent plus la loi d'en haut; ils retournent de dix-huit siècles en arrière; les peuples affolés s'apprêtent à dévorer les pouvoirs avant de s'entre-déchirer; l'antique loi de Juda pèse de tout son poids sur le monde.

Œil pour œil, dent pour dent : voilà la loi de l'Antechrist.

Prenez garde, femmes, prenez bien garde! Ne soyez pas un demi-siècle de plus les spectatrices résignées d'un pareil état de choses; car, lorsque les fils de la Bête auront dévoré l'œuvre du Christ, le sort des femmes païennes vous attend!

Appelons-en donc à la médiation divine, quand vous aurez répondu à ma voix!

LES ÉPOUSES

Ah! ce n'est pas une voix seulement qui va répondre à ton appel! Compte les vagues de la mer courroucée, compte les sanglots des tempêtes équinoxiales : tu sauras le nombre de nos voix !

De tous les points de la terre où retentissent les cloches de bronze, où les clochers égrènent dans le ciel le chapelet sonore des heures et des Angelus, l'entends-tu, l'entends-tu monter, le flux des plaintes, la grande marée des larmes des épouses ?

Chaque vague est une vie d'épreuves désespérantes ; elle s'abaisse en illusions perdues ; elle se soulève en indignations ; elle crache son écume aux profanations du divin mariage, aux fils de la Bête, aux singes de l'Homme que nous cherchions.

Nos maîtres ? Nous n'en n'avions qu'un : l'Homme-Dieu qui nous avait rachetées de l'abjection des hommes, celui qui nous avait délivrées des œuvres de Satan, du gynécée, du harem infâme, du triomphe des courtisanes, de l'insolence des filles de la chair, de la domination exécrable des femelles issues des accouplements des mâles avec la Bête.

Oui, pendant dix-huit siècles, celui-là fut notre maître ; le seul !

Il fut l'Époux providentiel ; les autres n'en furent que les effigies fatidiques.

Mais, tant qu'ils gardèrent sa foi et qu'ils en portèrent en eux le signe, nous leur gardâmes notre foi sur la terre, et nous sommes demeurées soumises à leur loi.

Aujourd'hui l'effigie est effacée, le signe de l'Époux est anéanti, et nous voyons avec effroi que nous sommes seules et qu'ils sont neutres.

La virilité de l'Esprit n'habite plus en eux; ils déforment tout, sans pouvoir rien créer.

Tout ce que la foi rendait noble s'avilit à leur contact; tout ce qu'elle fécondait se stérilise à leur approche.

LES FEMMES NOBLES

Ils ont tué la vraie noblesse, celle de la pensée et du cœur.

Ils descendent de ceux qui montaient; et s'abaissent sous le nom de ceux qui s'élevaient.

O vieux chevaliers! ô fiers ancêtres endormis dans les caveaux de nos demeures féodales! Guerriers apostoliques, paladins superbes et doux! Dressez-vous, ombres colossales, croisez vos bras sur vos armures, et regardez vos descendants!

Mais, non! restez dans vos tombeaux, plutôt que de mourir une seconde fois; car vous mourriez de honte en voyant le sang des fils de Juda couler dans les veines de ceux qui traînent votre nom!

Vénalité! vénalité des hommes de l'Antechrist, tu as tué la noblesse du jour où tu l'as achetée!

Hélas! hélas! l'honneur est mort, assassiné par ceux qui se disent nos maîtres.

LES BOURGEOISES

L'honnêteté suivra l'honneur aux gémonies.

S'enrichir est leur but, et tous les moyens leur sont bons.

Parvenir est leur loi : il n'est rien qu'ils ne fassent pour parvenir.

Nous les achetons, et ils nous vendent.

Notre beauté est un piége qu'ils tendent à la fortune.

Ils endorment les pouvoirs avec la magie de nos regards, ils emploient nos sourires à la pipée des emplois; ils poussent nos grâces en avant, et se cachent derrière pour recueillir les bénéfices.

Vénalité! vénalité des fils de l'Anti-Dieu, tu as tué l'honnêteté dans le cœur de l'Homme; et le feu de l'enfer brûle dans les foyers de la vie intime.

Comme il n'est plus de race, il n'est plus de famille; comme il n'est plus de rang, il n'est plus d'âges.

Les fils sont sans respect pour les pères, les

pères sont sans autorité sur les fils; car toute autorité descend de Dieu comme tout respect remonte à lui!

LES ARTISTES

La vie du dehors est flétrie comme la vie intime. Nous sommes les voix des mœurs publiques; nos maîtres naviguent nuit et jour sur le déluge; ils guettent le vent et le courant pour jeter dans l'eau trouble le filet de la cupidité sur les poissons d'or de la sottise.

Le temps n'est plus où la pudeur régnait sur les âmes, fécondée par l'Esprit d'en haut.

On ne sait plus mourir pour gagner l'immortalité; on ne poursuit plus la gloire, mais le succès.

Nos maîtres se vendent comme ils nous vendent; en eux tout se compte ou s'escompte.

Après la foi et la conscience, après l'honneur et l'honnêteté, c'est l'idéal, c'est la beauté du vrai qu'ils ont chassés du monde.

Nos amours sont stériles comme les vôtres.

Il n'est plus de génies, parce qu'il n'est plus de mariages vrais.

La foi et l'amour engendrent le génie; mais la ruse en s'accouplant à la brutalité, que peut-elle enfanter? Des âmes banales et vénales.

L'Esprit créateur s'en détourne avec dégoût.

Aussi voyez les œuvres des hommes de chair travaillés par l'esprit de la Bête!

Voyez à quel niveau l'art s'est subitement abaissé!

Chacun réclame son salaire avant d'avoir fini la première heure de sa journée.

Les muses n'ont plus de temples; mais les poètes ont des comptoirs.

Aussi plus d'inspiration vraie, plus d'œuvres grandes et durables.

Comme on abaisse les femmes à plaire et à charmer, elles abaissent les mœurs à la volonté de leurs maîtres.

Amuser ou s'amuser; l'un se paie, l'autre paie: voilà toute la loi des rapports de l'art et des mœurs.

Créateurs, fils de l'Esprit, que feriez-vous dans un pareil monde?

Aussi vous en êtes absents.

Les nains se drapent dans le manteau des géants disparus; les valets et les mercenaires festoient dans le palais des seigneurs.

Mais les maîtres véritables?

En voyage, en exil. Hélas! qui nous délivrera de la saturnale des laquais?

Peut-être le feu du ciel, le feu sacré qui ne s'éteint pas.

Jadis, aux chants magiques des orgues, comme

autrefois aux sons de la lyre d'Amphion, les pierres se levaient vers le ciel en silencieuses harmonies.

Musique des yeux, architecture, qu'es-tu devenue? Et vous, génies évocateurs, où est caché le sceptre de l'art sacerdotal et royal ?

Vienne, Strasbourg, Milan, Notre-Dame, Westminster, Kiew, Moscou, Byzance, répondez! N'y avait-il rien que des instincts cupides, rien que des passions égoïstes dans l'âme de ceux qui vous ont évoquées, ô gigantesques cathédrales assises sur l'image d'une croix orientée, superbes témoins de granit et de marbre, irrécusables testaments de l'âme des temps passés ?

O prêtres du grand Art, où êtes-vous? Où sont vos secrets merveilleux?

Vos œuvres parlent pour vous. Elles ne vivent si puissamment que parce que vous avez su mourir pour elles.

Elles proclameront d'âge en âge le néant de l'homme de chair et la toute-puissance de l'Esprit, la vanité des hommes d'en bas et la souveraine majesté de l'Homme-Dieu issu des amours de la Femme et du Génie créateur.

O beauté, tu es fille de la vérité divine, et tu es divine comme elle, tant que les hommes ne te profanent pas.

Dès lors, tu les livres à eux-mêmes, et leurs petitesses présentes sont écrasées par les grandeurs passées.

Du haut des nuages, ces monuments mesurent les bassesses qui grouillent à leurs pieds.

Ils ont des langues de bronze pour échanger dans les tonnerres des paroles inconnues; ils ont des fronts couronnés de tiares mystérieuses pour interroger l'infini, pour voir se dérouler les milices célestes, l'ordre qui plane sur le désordre, la lumière qui luit sur les ténèbres, l'avenir qui regarde le présent.

A leurs pieds se brisent le bruit, la boue, l'écume que roule le torrent des générations.

Mais de quel gigantesque dédain vous vous dressez sur cette époque abjecte, sur cette société en proie à ces individus comme un cadavre mangé des vers, filles de tout ce qui fut grand!

Avec quel prodigieux élan vous vous perdez dans les nuées pour ne plus voir une pareille terre!

Avec quelle force irrésistible vous retournez au ciel d'où descend l'Esprit, où remontent les génies qu'il engendre en s'unissant à la Femme, quand les hommes en deviennent indignes.

Mais nous, hélas! nous restons stériles sur la terre, pleurant à vos pieds la mort de l'art, comme les saintes femmes à genoux devant la croix, comme les Phéniciennes appelant Adonis, comme les muses, sœurs d'Eurydice, assistant, frémissantes, à la passion sanglante d'Orphée.

Hélas! hélas! nous n'avons même pas l'âcre plaisir des larmes. La cupidité nous talonne; il faut rire et faire rire, il faut amuser et plaire.

Amuser qui, et plaire à quoi, grands dieux!

Et nous avons la mort dans l'âme; car il est infâme le métier auquel ces hommes de plâtre et de boue nous ont dressées comme des chiennes.

Alerte! alerte!

Les orchestres de la luxure résonnent; les fils de la Bête nous poursuivent.

Notre rôle est celui des bacchantes.

Alerte! alerte!

Les cris de nos maîtres retentissent, les flammes du gaz s'allument dans les villes.

Dénouons nos ceintures; relevons nos jupes flottantes, ruons-nous sur les mœurs publiques, les ongles et les dents cachés sous des caresses et des lèvres souriantes.

Mais, avant de rentrer dans le tourbillon infernal, que notre conscience se soulève encore, et que nos bouches crachent sur cette fange le mépris que ces fils de Juda nous inspirent.

Vénalité! vénalité, tu es leur seule foi, leur seul amour, leur unique espérance.

Aussi, ils nous emploient à réchauffer les désirs d'une société mourante, à ranimer la lubricité d'un public blasé, bête instinctive aux mille têtes dont l'âme n'a d'yeux que pour notre nudité, dont l'esprit n'a d'oreilles que pour la corruption.

Courtisanes, hétaïres, nous sommes vos servantes.

C'est nous qui préparons les philtres et les enchantements sataniques, c'est nous qui déchaînons les instincts brutaux que vous assouvissez.

Poésie, musique, voilà à quoi servent les dons du ciel exploités par de pareils mercenaires.

Mais ce métier et le vôtre sont encore moins vils que l'âme de ceux qui nous le font et nous le laissent faire.

O vous ! Pétrarque, Dante, Shakespeare, d'Aubigné, Corneille, Schiller, Mickiewitz ! Si vous voyiez à quels honteux trafics servent les langues humaines que vous avez montées au diapason du Verbe divin !

O bardes ! si vous voyiez l'art traînant dans les égouts de la sensualité !

L'art? mais non : ce n'est plus qu'une immorale industrie !

Au moins les harpes des prophètes restaient-elles suspendues aux saules, pendant que les Israélites erraient au bord des fleuves de Babylone ; mais dans les villes de l'Antechrist, dans les babels modernes de l'Anti-Dieu, la vénalité force les lyres à accompagner la bacchanale des fils et des filles de la Bête.

Aussi le souffle divin s'est-il retiré des hommes; et comme la race n'a plus de foi, la famille plus d'amour, la société n'a plus d'espérance. Les instincts ont pris la place de son âme envolée.

LES OUVRIÈRES

Pendant que l'honneur s'éteint en haut, la haine se rallume en bas.

Nous sommes les compagnes des hommes de peine, et nous savons ce qui se passe dans leur cœur. Puisqu'il n'y a plus de ciel, pourquoi tout le monde ne posséderait-il pas la terre?

Puisque l'honneur, l'honnêteté, la valeur et le mérite, le génie et le talent, se sont abaissés, puisque les pouvoirs ont tué l'autorité, puisque tous ont prévariqué, pourquoi la multitude aurait-elle foi en ceux qui sont sans foi?

Le salaire n'est-il pas la loi commune?

Œil pour œil, dent pour dent: tel est le code de l'Antechrist.

Il faut une espérance au delà de la terre pour en supporter les misères.

Quelle espérance nous reste-t-il?

Toute hiérarchie vient de Dieu; mais, quand l'Anti-Dieu nous gouverne, sur quel droit se fonde l'inégalité des conditions?

L'Homme-Dieu a dit de rendre à César ce qui était à César, mais non ce qui ne lui appartient pas.

C'est assez de l'impôt de l'or et de celui du sang; mais la pensée et la conscience, quel droit les pouvoirs athées ont-ils sur elles?

Ils sont sans autorité, parce qu'ils ont divisé l'Église et rompu la loi du Christ.

Aussi le peuple est sans respect pour les pouvoirs; et toutes les fois qu'il le pourra, il les brisera comme il les a brisés déjà.

Que les pouvoirs y prennent garde!

Sans foi comme sans loi, ils ont des bêtes fauves pour emblèmes; ils ont la ruse et la guerre pour évangile, le vol et le meurtre pour code; mais ils sont du même coup forcés d'armer les peuples!

Chaque matin, quand l'aube naît, nos époux se lèvent avec elle; ils partent, les outils sur l'épaule; ils ne reviennent qu'avec la nuit.

Le pain qu'ils nous donnent leur coûte cher; et le soir, brisés de fatigue, ils songent à bien des choses.

Il y a du doute dans leur tête, de l'amertume dans leur cœur.

Ils lisent et pensent, ils regardent et écoutent, se font de graves interrogations ; ils agitent en eux les problèmes terribles de la destinée.

Ils savent qu'il n'est plus rien de vrai que la force ; ils se comptent, et pendant que le luxe amollit vos époux, le travail et la misère tendent l'âme et les muscles des nôtres.

Votre monde fait trop de bruit pour qu'on ne l'entende pas.

Vos voitures nous roulent dans la tête ; le sabbath de vos fêtes nous assourdit jusqu'en nos mansardes.

C'est être dans l'enfer que de porter le poids du ciel.

La vénalité ayant mis le bonheur dans la fortune, ceux qui sont en bas de la roue songent à l'arrêter quand elle se fait trop lourde.

Nos hommes ne croient plus à la noblesse des vôtres ; ils ont vu des fils de vieilles races pousser le rabot, la lime ou la charrue, pour un vil salaire.

Comme ils leur en demandaient la raison, ceux-ci ont répondu qu'ils étaient sans fortune, et que la noblesse du nom n'était plus celle du cœur et de la pensée.

LES FEMMES NOBLES

Hélas ! ils n'ont dit que la triste vérité.

LES OUVRIÈRES

Ils savent que la vénalité gouverne tout du haut en bas, que l'honnêteté est morte comme l'honneur ; ils méprisent encore plus vos parvenus que les autres.

LES BOURGEOISES

Ils les méprisent moins que nous.

LES OUVRIÈRES

Croyez-nous : ils haïssent votre monde, ses lois et ses maîtres.

L'Antechrist et l'Anti-Dieu ont allumé cette haine aux feux de l'enfer ; ils ne la laisseront pas refroidir sans qu'elle ait embrasé vos villes.

Vos maîtres aiment les chevaux, les chiens et les filles.

Ils se plaisent aux courses, aux chasses, aux théâtres et aux fins soupers.

Le prix d'une heure de leur vie assurerait le pain de toute une famille laborieuse.

On sait tout cela dans nos taudis. On l'ignore dans vos châteaux et dans vos hôtels.

Quant à nous, nous sommes lasses d'une pareille vie, et ce ne sont pas nos larmes qui éteindront l'embrasement de vos cités.

Non que nous nous plaignions de nos hommes : leur rude labeur nous les rend respectables, et le pain que nous mangeons est véritablement leur chair et leur sang ; mais nous sommes lasses d'engendrer pour la douleur et pour la misère, sans espérance, dans un monde sans foi comme sans amour.

La chair de nos fils va au canon.

Paix à ceux qu'égorge la guerre des pouvoirs athées.

Au moins c'est la mort.

Mais nos filles, où va leur chair ?

A la honte.

Aussi, maudite soit la fécondité de nos entrailles !

LES MÈRES

Ah ! ce cri, c'est celui de la Maternité tout entière dans un pareil monde !

Oui, nous sommes lasses d'enfanter comme la Bête et pour elle, et Marie a prouvé à la terre que la maternité de la Femme avait d'autres devoirs et d'autres droits que de perpétuer l'impuissance des hommes pour le bien et la puissance de leurs instincts pour le mal.

Mais quelle place ceux qui se croient nos époux et se disent nos maîtres laissent-ils dans nos cœurs à la Maternité divine ?

Nous enfantons la chair ; mais ils en arrachent l'âme, ils en chassent l'esprit !

A peine l'enfant marche-t-il, qu'on nous l'enlève.

Le monde nous reprend, et nous le prend.

On enfonce la marque de l'Anti-Dieu dans sa cervelle, et celle de l'Antechrist dans son cœur.

On l'entraîne à parvenir ; on le façonne à l'image de ses pères ; on détruit en lui celle de Dieu.

LES AÏEULES

Où est l'homme de génie qui n'ait pas eu une mère vraie ? Prêtres, bardes, héros, comptez les mères !

Comment la vérité parviendrait-elle jusqu'à vous quand les pouvoirs l'en chassent, quand les peuples l'ignorent, quand l'Église, divisée, subit la loi des pouvoirs athées, est sans puissance sur les peuples et ne reçoit plus l'action des forces divines, comme un corps démembré laisse échapper celles de la vie.

Femmes, femmes, tremblez ! Songez au sort des femmes de l'Asie !

La Providence vous avait sauvées ; le destin que vous fait la volonté des hommes vous perdra, si vous n'avisez.

De génération en génération, la chrétienté croule comme une avalanche.

Gare à l'abîme !

Après la guerre des pouvoirs contre l'autorité, après la guerre des pouvoirs entre eux, après celle des peuples et des pouvoirs, voici venir les guerres de races, puis le déluge de sang de tous les instincts déchaînés.

Gare à Satan !

Toute grandeur de l'âme, toute virilité de l'esprit va disparaître du monde.

Il n'y aura plus de soleil ni de lune ; les étoiles s'évanouiront.

Il n'y aura plus d'ordre, il n'y aura plus de lois, ni de mœurs.

La lueur sinistre des volcans surnagera seule sur le chaos des ténèbres humaines.

Ne vous y trompez pas, et croyez vos mères.

La mort qui va nous prendre secoue nos corps usés, et notre âme tressaille comme un fruit sur un arbre agité par le vent.

Croyez les pressentiments de celles qui vont mourir : les temps entrevus par saint Jean sont arrivés.

TOUTES

Angelus! Angelus!

Les cloches des églises retentissent dans le vent du soir. A genoux, femmes chrétiennes!

O Marie! Fille du Père tout-puissant, épouse de l'Esprit créateur, mère du Christ, notre bien-aimée! laisseras-tu périr ton œuvre après avoir vu mourir Jésus?

Ne pouvez-vous donc rien pour cette humanité; êtes-vous donc las d'avoir tout fait pour elle et de recommencer sans cesse à sauver ceux qui veulent se perdre?

Mais les femmes, les envelopperez-vous dans la condamnation qui frappe les œuvres des hommes?

Ces lois athées ne sont pas les nôtres.

Cette fois, ce sont eux qui se sont approchés de l'arbre de science, pendant que nous demeurions seules à l'ombre de l'arbre de la vie.

Ce sont eux qui ont profané l'art après avoir

stérilisé la science ; ce sont eux qui ont fait de l'industrie la machine sans âme qui les tient prisonniers dans la mort.

Ce sont eux qui ont fermé le ciel et désolé toute vie sur la terre, tué la famille après avoir tué l'Église, et la société chrétienne après la famille.

Mais nous, Vierge-Mère, mais nous, ne nous prendras-tu pas en pitié ?

LA FEMME

Vierge-Mère, tu as entendu la plainte universelle des femmes fidèles à ton culte !

MARIE

Reste cette nuit sur la montagne : tu recevras la visite de l'Esprit.

IV

LES MYSTÈRES

IV

LES MYSTÈRES

UAND la nuit eut endormi les corps et rendu aux âmes leur liberté, l'Esprit descendit du ciel dans une nuée lumineuse, et les musiques divines l'accompagnaient.

La Femme fut ravie en extase. La terre oscilla sous ses pieds, le ciel se rapprocha de sa tête. Elle plana dans le champ aérien par où les âmes montent ou descendent, selon la force de leur vertu ou le poids de leurs vices, selon le double mouvement de la mort et de la naissance.

Soutenue par les puissances extrahumaines de l'Esprit, elle vit à sa lumière les choses visibles et invisibles à la clarté extérieure.

Elle se convainquit une fois de plus du néant de la science d'en bas, en ce qui concerne les Mystères de notre nature et ceux des puissances extra-humaines.

L'incarnation, la naissance, l'existence, la mort et la résurrection s'opérèrent sous ses yeux dans toute l'étendue de leur réalité.

Elle pénétra l'essence des choses à travers leurs formes.

Elle vit sur tous les actes les lois qui y sont attachées ; sur ces lois, les causes dont ils relèvent; sur ces causes, les principes éternels dont elles découlent.

Les actes étant libres, les lois étaient à leur image. Mauvais, ils évoquaient des lois fatidiques; bons, des lois providentielles, accordées aux causes et aux principes divins.

Le mal et le bien lui furent ainsi révélés, l'un semblable à un esprit de ténèbres, entraînant les facultés de l'intelligence dans le jeu déréglé des passions de l'âme, et l'âme elle-même avec ses affections dans le chaos des instincts.

L'autre, au contraire, lui apparut comme l'Esprit de la Lumière descendant du ciel et y remontant.

Renfermée dans son tourbillon, voici ce qui lui fut donné d'y concevoir.

LA FEMME

Qui es-tu? Une lumière, plus éclatante et plus douce que celle de l'aurore, m'enveloppe et me pénètre en tout sens. Elle a des mélodies et des harmonies que le génie lui-même n'a jamais soupçonnées. Ta force invincible flotte autour de moi comme une caresse; elle me pénètre comme une grâce délicieuse. Des hauteurs aux profondeurs de mon âme ruisselle un bonheur que nulle langue humaine ne saurait interpréter. Troublée dans tout mon être, je suis pourtant calme comme la mer inondée de clartés. Il n'est aucune faculté de ma pensée qui ne tressaille, aucune passion de mon âme qui ne rayonne. Tu me possèdes dans toute l'étendue de mes vœux et de mes désirs; et mon amour pour la Vérité est comblé par la Vérité de l'Amour.

O bien-aimé! ô mon maître! ô mon roi! tu m'élèves, tu m'exaltes au-delà des limites de ma force; et pourtant je ne me brise pas, car tu me prêtes la conscience de la tienne.

Qui donc es-tu, mon Dieu, si tu n'es Dieu lui-même?

L'ESPRIT

Crois, aime, espère à l'infini! Je suis la Vérité, l'Amour et l'Espérance, et l'Univers lui-même ne peut me contenir.

Je suis l'Esprit créateur. Écoute mon verbe de lumière, ma parole qu'accompagne l'harmonie éternelle des principes, des causes, des lois qui produisent, génèrent et règlent tous les actes que renferme l'Univers.

A l'origine des actes, c'est moi qui fécondai la Nature endormie. Invisible et présent, je planais sur ses profondeurs, et, méditant sur elle, je caressais de mon souffle son âme mobile et fluidique comme une gorge.

Il n'est rien de généré dont je ne sois le générateur, et l'Univers lui-même n'est que l'immense sphère des générations naturelles, humaines et divines, qui remontent en chantant vers l'Unité dont elles sont descendues en pleurant.

LA FEMME

Parle-moi de l'Homme, ô bien aimé! car je ne puis oublier la terre, ni les compagnes que j'y ai laissées, ni les prières dont je suis chargée.

L'ESPRIT

J'ai dit à la Nature d'engendrer l'Homme, et j'ai mis en lui mon propre souffle, pour qu'il ramenât les productions de la terre, en esprit et en vérité, en science, en conscience et en organisation vivante aux lois, aux causes et autres principes dont ces productions et lui-même sont issus.

Administrer la terre, régner sur ses règnes, coordonner ses puissances, en se coordonnant lui-même, tel fut le rôle de l'Homme. La Nature l'enfanta multiple ; mais je l'avais marqué de mon caractère, et son but fut l'unité, parce que la fin de toute chose est de retourner à son principe.

Tel fut dans ma pensée l'universel Adam, image vivante de ma puissance, principe et fin de l'humanité. La terre que je lui vouai fut le domaine du bonheur, l'Eden, image de mon royaume céleste.

Comme je manifeste ma volonté à travers la Nature, je lui fis à lui-même une nature conforme à sa destinée ; et, comme un rêve réalisé, Ève sortit de son sommeil.

Sa pensée créatrice put alors prendre un corps, sa volonté génératrice se manifester par des actes.

Hélas ! il oublia le royaume pour le domaine,

le ciel pour la terre, Dieu pour lui-même et lui-même pour sa forme naturelle.

Sur les suggestions de la Femme, image humaine de la Nature, Adam rapporta à lui les fruits de la science, il les détacha du rameau de leurs lois, des branches de leurs causes, des principes qui sont la racine de leur arbre généalogique, des fins qui en sont le sommet lumineux.

Du même coup, il perdit la science, la conscience et la puissance de ses devoirs, de ses droits et de sa destinée.

La terre cessa d'être un Eden, elle apparut dans sa nature propre, opposée au ciel ; elle se montra dans ses apparences d'en bas avec ses actes matériels.

Les lois, les causes et les principes rentrèrent dans l'Inconnu. Égaré dans le dédale des formes illusoires et temporelles, l'universel Adam devint transitoire et muable comme elles.

Illusionné par la moitié de sa vie, il se traîna comme un déshérité dans l'étendue de son héritage.

Serf de l'espace, esclave du temps, il subit la Nature, et s'y divisa, sans pouvoir retrouver en elle son unité perdue en lui.

Cette division de l'universel Adam, entrant dans les conditions fatidiques de la génération et de la mort, eut lieu d'abord par deux, puis par trois pouvoirs qui, depuis, n'ont cessé de gouverner les hommes et les femmes de chair.

Ces trois pouvoirs eux-mêmes se divisèrent en une multitude de fonctions dont la connaissance, recouverte du triple voile dont parlait Jésus, est renfermée dans le texte des œuvres que j'ai dictées à mon disciple Moïse.

Le premier de ces pouvoirs est Caïn, le chef du monde politique; le second est Abel, la tête du monde religieux; le troisième est Seth, le gouverneur des mœurs sociales.

C'est de la prévarication des pouvoirs qui règlent les générations d'Adam que viennent les guerres de Jéhovah.

C'est d'elle qu'est sortie la fatalité de la dissolution des choses humaines et la nécessité de leur renouvellement par le sang.

Cette dissolution est appelée déluge par mon disciple Moïse; ce renouvellement, Noé.

Noé, second Adam, marque la seconde étape du genre humain, séparé de Dieu, depuis que l'universel Adam a perdu la science, la conscience et la puissance de ses devoirs, de ses droits et de sa destinée.

Comme Adam, Noé a trois pouvoirs qui le constituent, lui et ses générations.

Sem, Cham et Japhet sont la transformation de

Caïn, d'Abel et de Seth, mais avec une inversion qui rétablit l'équilibre des trois pouvoirs brisés.

Cham, transformation de Caïn, n'occupe que le second rang, tandis que Sem, transfiguration d'Abel, est élevé au premier rang.

Voici pourquoi, — écoute, médite :

L'assassinat d'Abel par Caïn, l'asservissement de l'autorité religieuse au pouvoir politique, était le fruit de la chute d'Adam, l'Homme universel, sollicité par la vanité d'Eve de rapporter à lui les fruits de la science et de les séparer du rang et de l'ordre qui leur est assigné par moi à l'arbre de leur généalogie divine.

Dans la société terrestre, tous les maux publics qu'entraîne une organisation vicieuse et viciée viennent de là ; tous les maux privés en découlent.

Le seul remède au mal, quand il est parvenu à son comble, quand la notion de l'autorité et des pouvoirs, des devoirs, des droits et des destinées, est confondu dans les pensées, dans les consciences et dans les actes généraux et particuliers, le seul et unique remède, c'est le renouvellement de la société par la dissolution de ses croyances, de ses lois et de ses mœurs constitutives, et par le rétablissement des rapports spirituels de l'autorité, du pouvoir et des mœurs.

La loi primordiale de ces rapports, c'est que

l'autorité de la Religion soit en son lieu et place. Son lieu, c'est le sommet des hiérarchies, le point culminant et lumineux des activités renfermées dans les fonctions inhérentes aux pouvoirs. Sa place, c'est la première.

Telle est la signification de Sem, transfiguration d'Abel, et rétablissement de l'autorité religieuse en son lieu et place.

Cham, au second rang, représente la loi recevant de la foi ses principes et ses fins.

Japhet représente la totalité des activités et des mœurs sociales soumises à des lois selon l'Esprit de Dieu.

Comme, malgré le renouvellement de la société terrestre, les hommes l'entraînaient encore vers sa dissolution ; comme les pouvoirs marqués du sceau de Cham, s'inspirant de Caïn, séduits par Chanaan, prenaient la place de Sem et renouvelaient ainsi l'attentat commis contre Abel, je jugeai opportun d'en appeler à Japhet et d'ensemencer les champs de la postérité de Seth.

C'est pourquoi, dans la race d'Abraham, je choisis une femme de la descendance de David, afin d'agir cette fois, non sur les hauteurs, mais dans les profondeurs de l'humanité, et d'en faire remonter la vie spirituelle vers les régions célestes d'où elle était descendue à l'origine des choses.

Abel avait été assassiné, Sem détourné de ses voies : il fallait un effort suprême de la vie divine, s'élançant du fond de la nature humaine vers son principe et vers sa fin.

Je visitai Marie dans les profondeurs de sa vie spirituelle, comme j'avais, à l'origine des actes universels, visité l'âme mobile et fluidique de la nature.

Je l'élevai ainsi au plus haut degré qu'une femme puisse atteindre dans les mystères de l'incarnation.

J'en fis la Mère de Dieu, la reine de l'Univers, la réalisation parfaite de la Nature en travail de l'Esprit créateur.

De mes amours divines avec Marie naquit un Dieu caché dans le corps d'un homme.

Voici quelle fut la mission de Jésus : Reprendre humainement conscience de la divinité ; agir divinement pour témoigner de cette conscience.

Dès que Jésus s'interrogea, parlant en lui, je lui dis : « Dieu est le principe et la fin de tout ; l'Homme est le fils dégénéré de Dieu, mais je me suis incarné en toi pour que le Fils revînt au Père. »

Du même coup, Jésus réalisa l'Homme-Dieu, ainsi que j'avais, à travers la femme, réalisé Dieu fait Homme par mon Verbe fait chair.

Jésus fut le premier-né d'entre les morts vivants, et, secouant la poussière du sépulcre social, il commença sa mission avec cet ascendant de la vie supérieure que donne la certitude et qu'on nomme la Foi.

Évoqué à travers Marie, comme Adam à travers la Nature, comme Noé à travers la société dissolue, Jésus remonta droit au principe d'où Adam était déchu.

Il fut la voie d'ascension des âmes, le médiateur de la terre au ciel, l'envoyé du royaume de Dieu retournant à son roi.

La force qui l'enlevait ainsi était celle-là même qui t'enlève aujourd'hui ; elle n'avait rien de terrestre, et soutenait l'Homme-Dieu au-dessus des mœurs, des pouvoirs et des cultes dissociés de la terre, comme je soutiens l'Univers au-dessus du néant.

Jésus fut en vérité le Christ et le Messie, le prêtre ordonnateur selon l'ordre mystérieux de Melchisédec.

Aussi loin des cultes matérialisés que des pouvoirs prévaricateurs, des lois vicieuses que des mœurs viciées, il s'adressa aux âmes qui naufrageaient dans ce déluge social, et les enleva de terre dans son essor divin.

Son Calvaire dépassa l'Ararat et le Sinaï ; il fut le refuge inexpugnable des principes du renouvellement battus par les flots de la dissolution.

Cultes, pouvoirs et mœurs, tout se déchaîna comme une tempête. Les prêtres firent signe aux pouvoirs ; les pouvoirs hésitants en appelèrent aux mœurs ; les mœurs répondirent en hurlant : « Grâce pour Barabbas ; mort à Jésus ! »

Jérusalem, la fille de la foi ; Rome, la ville de la loi ; le peuple, le peuple tout entier, furent complices du déicide ; tout l'ordre social désordonné s'enflamma des instincts souterrains de Caïn.

Mais cette croix exhaussa encore Jésus pour montrer aux hommes que Dieu ne peut pas toucher terre tant que la société est en proie au désordre, tant que la confusion des pouvoirs engendre la confusion des mœurs.

Jésus mourut : il le fallait, pour que Christ pût naître des profondeurs du testament de Jésus.

Tout le monde humain put voir, dès lors, qu'il y a autre chose en jeu dans la société terrestre que des pouvoirs sans autorité, que des cultes lâchement soumis aux pouvoirs ; mais que l'autorité véritable vient de Dieu et y retourne.

Quant aux cultes, quant aux pouvoirs, ils accomplirent à la fois, et les prophéties que j'avais inspirées aux bardes, et les lois fatidiques qu'engendre la confusion des choses religieuses et des choses politiques. Jérusalem fut écrasée par Rome, Rome par les fils de Seth et de Japhet.

On sut désormais dans le monde de Seth que les pouvoirs issus de Caïn renouvellent le meurtre d'Abel toutes les fois qu'ils asservissent la Religion et qu'ils s'en servent au lieu de la servir ; mais que ce crime porte en lui son châtiment terrible.

On sut également dans le monde de Sem que les cultes coopèrent à cet assassinat quand ils étouffent la voix de l'Esprit religieux, quand ils se vendent aux pouvoirs ; mais que l'Esprit religieux les abandonne alors à leur impuissance.

C'est ainsi que Japhet fut ensemencé par moi et marqué d'un signe sacré, pour être, dans la suite des temps, attiré doucement vers les tabernacles de Sem.

Ecoute, fille de Japhet, écoute ! Ce siècle ne se fermera pas sans que les tabernacles s'ouvrent.

Tu l'as dit, car c'est moi qui, appelé par les Mages immortels, parlais au fond de ta conscience : la société chrétienne penche vers sa dissolution.

Ouvre les yeux et regarde, car te voilà dans le royaume de Dieu.

Le tourbillon qui enveloppait la Femme s'ouvrit, et le royaume céleste apparut dans sa gloire. Les chants et les musiques, les divines harmonies retentirent, et la Lumière incréée illumina soudain la multitude des Esprits.

Puissances, trônes, dominations, légions d'Archanges et d'Anges, troupes de Séraphins, phalanges de Chérubins, peuples innombrables d'Elus et d'Elues, de Bienheureux et de Bienheureuses, tel était le monde éblouissant qui se mouvait dans les ondoiements des gloires lumineuses, tourbillonnant sur les soleils, jouant dans les courants des mondes, mêlant aux harmonies des sphères le bruissement sacré d'un colossal *hosannah !*

Tout à coup, sur un signe de l'Esprit créateur, le fond du ciel se déchira comme un voile, et sur trois trônes éblouissants apparurent les trois figures divines de Dieu, de Marie et du Christ.

L'Univers en frémit du Zénith au Nadir, et, dans le fond de l'abîme, Satan releva la tête et se couvrit brusquement les yeux. Au pied des trois trônes étaient les Apôtres, puis les Confesseurs et les Martyrs; à droite et à gauche, les Patriarches et les Prophètes, les Sages, les Précurseurs du Messie.

Dieu le père, assis sur le trône le plus élevé, était revêtu d'une lumière aveuglante, et séparé de toute vue par l'éblouissement qu'il causait.

Un peu au-dessous, et à sa gauche, Marie apparaissait resplendissante, mais visible dans sa parfaite beauté. A droite se tenait le Christ, non plus faible et vaincu tel qu'on le représente dans les églises terrestres, mais superbe et triomphant.

Hosannah! Hosannah! chantait à l'infini l'Océan céleste des âmes; et, au-dessous d'elles, l'Univers roulant ses tourbillons de mondes, vibrait sur son axe comme une lyre, et répétait : Hosannah! Hosannah!

— Paix sur la terre à ceux qui font ma volonté, dit le Christ, mais guerre aux autres!

En disant ces mots, il se leva.

Sa tête apparut comme environnée d'éclairs; des foudres jaillirent de ses mains; il frappa du pied le ciel, et une pluie d'étoiles s'en détacha.

Ah! ce n'était plus le Jésus crucifié par les cultes, par les pouvoirs et par les peuples de la terre; c'était le Christ cette fois, le Christ aux membres libres, le Dieu bon mais fort, doux mais terrible, bienfaisant mais juste.

Déployé dans sa taille colossale, on sentait qu'il pouvait écraser l'Univers sous son talon ou le lever dans la paume de sa main.

LE CHRIST

Fille de Japhet, ma Mère m'a fait exaucer les prières de tes compagnes terrestres; mon Père m'a permis d'agir, et je suis prêt. Parle, résume en un souhait tous les cris que tu as fait monter vers nous : je répondrai.

LA FEMME

Père, Mère, Fils, Famille divine ! Que vos noms soient sanctifiés !

Vérité, Amour, Justice, qui habitez ce royaume, que votre règne arrive sur la terre !

O Père ! que ta volonté soit faite dans les pères !

Mère ! qu'elle se fasse dans les mères !

Fils, qu'elle s'accomplisse dans les enfants !

Que l'ordre qui gouverne les cieux gouverne aussi la société des hommes terrestres !

Accorde à tous le pain de l'esprit qui est la Vérité, le pain de l'âme qui est l'Amour, et enfin la Justice qui est le pain des actes !

Cessez de leur pardonner leurs offenses, car ils savent ce qu'ils font !

Délivrez la Femme de l'Homme de chair, en délivrant l'Homme du joug de la fausse science, de l'art détourné de ses voies, de l'industrie privée de ses fins.

Que la religion cesse d'être divisée par les pouvoirs ; que les pouvoirs athées ne règnent plus sur nous ; que le déluge des mœurs antechristiques s'arrête, et que le bonheur puisse habiter parmi nous !

LE CHRIST

Un souhait, un seul.

LA FEMME

Reviens sur terre, mais Christ, et non Jésus.

LE CHRIST

Dis aux femmes de se rassembler, de prier et d'attendre, les yeux tournés vers les tabernacles de Sem.

V

LE RETOUR DU CHRIST

V

LE RETOUR DU CHRIST

QUAND la Femme s'éveilla de son extase, elle était debout sur la montagne sacrée que nul déluge ne peut atteindre. La lune et les étoiles brillaient sur sa tête; devant elle, les Rois Mages traçaient sur le sol des signes mystérieux. L'encens et la myrrhe brûlaient dans les cassolettes d'or incorruptible, et des voix résonnaient dans le ciel.

« Salut, Marie! C'est par Marie que Jésus est entré dans la vie humaine pour remonter vers la vie divine. Salut, Femme! C'est par la Femme que le Christ sera appelé sur la terre, et qu'il y fera descendre son esprit qui est vérité, son âme qui est amour, et son corps qui est justice ! »

Et comme les voix célestes chantaient dans les profondeurs d'en haut, les Mages leur répondaient et ils disaient :

« Salut, Femme ! C'est nous qui avons évoqué l'Esprit créateur pour qu'il s'emparât de ton âme, et pour que l'homme de chair d'où l'Esprit s'est retiré n'eût plus d'autorité sur elle. Il fallait que le néant de la fausse science, du faux amour et de la fausse justice, te fût révélé dans sa stérilité, pour qu'un vide immense se fît en toi dans lequel l'Homme-Dieu pût se dresser tout entier. Aussi as-tu évoqué tes compagnes pour que les vendeurs fussent signalés dans tous les tabernacles, et qu'ils en fussent chassés à coups de rayons de lumière ! L'Homme de la terre est désormais condamné par toute femme qui a repris conscience de l'Esprit créateur ; il n'est plus l'époux de son âme, ni le roi de sa destinée ; il n'est plus que le père des enfants de sa chair.

Époux, il nie son âme, et n'est plus qu'un fils de la Bête ; père, il nie la parenté de Dieu, il tue ainsi sa propre paternité ; il n'est plus que le père des faiblesses de ses enfants, l'ami de leurs vices, le compagnon de leur existence égarée et sans but.

C'est ainsi que, de générations en générations,

l'impuissance spirituelle de l'homme de chair engendre l'abâtardissement; c'est ainsi qu'il n'est pas de mariage véritable sans Dieu, mais que le rapprochement de l'Homme et de la Femme, leur accouplement selon la nature, n'engendrent que la perpétuité du mal.

Il fallait que le mal te fût connu dans la famille comme dans la société.

Aussi tu sais désormais que, s'il n'est pas de famille en dehors de Dieu; il n'est pas de société possible et habitable sans lui.

De même que l'athéisme de l'Homme séduit par la Nature tue en lui la paternité divine, de même il tue l'autorité dans la société tout entière.

Toute autorité vient de Dieu et y retourne; mais, sans Dieu, les pouvoirs athées ne sont plus autorisés d'en haut.

La brutalité règne entre eux, et la guerre permanente est la loi de force qui gouverne ses États, parce qu'il est bon que ce qui repousse la vie divine tombe dans la mort naturelle.

L'anarchie règne dans le fond des pouvoirs comme entre eux.

Sans autorité sur les peuples, ils sont impuissants à les maîtriser.

Les peuples sont aux pouvoirs ce que les fils sont aux pères, et le désordre répond au désordre, la révolution d'en bas à l'anarchie et à l'athéisme d'en haut.

Ainsi périssent les nationalités comme les familles, ainsi s'engendre la grande dissolution, quand le lien religieux se déchire en sectes rivales et se rompt autour des faisceaux des pouvoirs.

Il fallait aussi que l'Esprit créateur te fît voir comment la prévarication des pouvoirs et des peuples, des États et des nations affole leur intelligence, dérègle leur âme et déchaîne leurs instincts naturels.

Tu sais maintenant que la science privée de tout principe, comme la famille de paternité, comme le pouvoir de toute autorité, comme le peuple de tout respect, est devenue le scandale des intelligences, comment l'art affranchi de toute loi divine devient la profanation des âmes, comment l'industrie devient le sabbath judaïque des appétits sans frein.

C'est ainsi que, du haut en bas, les mœurs se dissolvent; c'est ainsi que, de bas en haut, elles se soulèvent mugissantes contre toute digue, écumantes comme un déluge.

Femme! il fallait que tous ces mystères te fussent révélés et que ton âme entrât en un immense désir pour que le renouvellement pût succéder au déluge.

Le désir de la Vérité appelle la Vérité, l'Amour

appelle l'Amour, la Justice répond à ce qui est juste.

C'est pourquoi l'Esprit créateur t'a possédée en vérité, c'est pourquoi il t'a ravie aux cieux, te dévoilant sur la terre les mystères de l'incarnation, de la naissance, de l'existence, de la mort et de la renaissance, te dévoilant dans le ciel la Vérité, l'Amour et la Justice incarnés dans le Christ triomphant et voulant descendre sur la terre quand le moment sera venu.

Donc, salut, ô Femme visitée par l'Esprit! Demeure attentive et recueillie, quoi que tu puisses entendre et voir. »

Comme les Rois-Mages parlaient ainsi sur les hauteurs que nul déluge ne peut atteindre, de grosses voix semblables au bruit des grandes eaux mugissaient dans les profondeurs ténébreuses.

Trois figures gigantesques, vagues comme de noires nuées, rampaient flottantes et lourdes sur les États et sur les peuples endormis.

Elles se cherchaient et se mêlaient, elles s'enlaçaient comme des vapeurs, elles s'embrassaient comme des flots opaques; et leur union était aussi monstrueuse que leur apparence nocturne.

L'une portait une tiare étrange sur laquelle la lune jetait sa lumière morte; elle était étendue sur le monde, et la nuée qui formait son corps et son vêtement était noire comme de la suie.

Elle avait des bras par milliers ; chacune de ses mains tenait une croix retournée, et cette croix était un glaive sanglant ; elle n'avait pas de jambes ni de pieds, mais son corps indécis traînait comme un énorme serpent dont chaque anneau portait un œil plein de ruse, tandis que le front était sans yeux.

« Redoublons de vigilance, cria l'Antechrist, car nous sommes perdus si la Femme est sauvée ! »

L'Anti-Dieu se dressa alors.

Une couronne impériale en forme de casque, une couronne de fer rouge, énorme, surplombait sa tête carrée, sur laquelle jouaient des feux follets. Deux tisons sanglants brûlaient dans le fond des orbites vides. La mâchoire, décharnée, était colossale comme la gueule de l'enfer ; elle mâchait la Bible entre ses dents.

Le corps, énorme, apparaissait dans la nuit comme illuminé par un incendie infernal. Il était vêtu de pourpre, et l'on voyait en dessous les peuples et les territoires fantastiquement éclairés. Des millions de bras sortaient des épaules, entre-choquant des chaînes, et de ces chocs s'élançaient, fauves et grondants, des éclairs et des tonnerres.

Le bas du corps se perdait dans les entrailles volcaniques de la terre, rougeâtre comme elles, enveloppé dans une robe de vapeur pourprée comme du sang.

« Comment la Femme se sauverait-elle, quand je tiens l'Homme sous mon pouvoir, et quand l'Homme tient la Femme asservie sous ses lois et sous la mienne ? »

Ainsi parla l'Anti-Dieu, et l'on eût dit, dans la nuit, un fracas de clairons et de trompettes barbares.

Un grand éclat de rire leur répondit. C'était la Bête qui blasphémait, en versant ses sept coupes sur les villes capitales ; et des rires, des bruits d'orchestres, des chants et des baisers en sortaient comme des rafales.

« Comment la Femme serait-elle sauvée, quand je fais des femmes les agents de l'abrutissement des hommes ? Regardez ! »

Les villes capitales s'illuminèrent, et la Bête se dressa éclairée par leurs feux.

Elle était grande et belle dans sa monstruosité ; mais la beauté de la face était rongée par des ulcères ; les seins étaient des trous béants, énormes, hantés par des cancers ; les flancs étaient un cloaque, et sur son ventre était écrit avec un fer rouge ce seul mot : Mort !

A sa voix, les mœurs des villes capitales apparurent dans leur réalité.

On eût dit une flambée des lacs d'asphalte et de bitume, des fleuves de naphte et de pétrole que renferme le sein de la terre.

Or, le déluge de la concupiscence se précipitait en mugissant dans les égouts de la sensualité, et la Bête versait toujours l'huile ardente de ses sept coupes sur ces bûchers vivants.

L'Antechrist et l'Anti-Dieu embrassèrent la Bête dans les ténèbres, et ils continuèrent à grommeler.

L'ANTECHRIST

Comment le Christ descendrait-il ?

N'ai-je pas scellé la pierre sur le tombeau qui renferme son cadavre terrestre ?

Ne suis-je pas assis sur cette pierre ?

N'ai-je pas les clefs qui ouvrent ou ferment le sépulcre ? Certes, je n'ouvrirai pas le sépulcre, et l'Esprit restera lettre morte, et la poussière restera poussière.

L'ANTI-DIEU

J'ai divisé l'Église en Églises rivales ; j'ai suscité en elle la mort, en éveillant entre elles la guerre.

Grâce à moi, toutes les églises ont été asservies à des pouvoirs divisés comme elles.

Ainsi, je tiens le monde humain en ma puissance, et rien de divin n'y peut pénétrer : car, dans tous les États, j'ai mis Jésus sous mes pieds, pour n'avoir plus le Christ sur ma tête.

Je ne crains rien du ciel : il est vide désormais.

Les astres ne s'occupent pas des choses de la terre; l'air n'est peuplé que d'atomes et de forces aveugles, sans conscience comme sans intelligence et parfaitement soumis aux savants de ma fabrique, aux universités de mes empires, de mes royaumes et de mes républiques. Quel contrôle, quel contrainte puis-je avoir à subir ?

Tenant les églises et les universités sous mes talons, j'empêche l'Esprit de descendre, si la fantaisie lui prenait de venir regarder ce qui se fait chez moi.

Comment le Christ reviendrait-il, si l'Esprit ne lui fraie la voie dans les pensées et dans les consciences des hommes ?

Avec un certain nombre de thalers répandus à propos et sans inutile prodigalité, j'ai déjà préparé un nouveau schisme qui me rendra le maître absolu du monde humain, et me permettra de faire marcher le monde divin à ma guise et avec des roulements de tambours.

Grâce à mes théologiens choisis pour la plupart dans les tribus d'Israël, forts en Talmud et rémunérés convenablement, quoique sans inutile prodigalité, j'ai fait répandre assez d'encre et de ténèbres sur les textes sacrés pour qu'il soit difficile d'y voir clair, même avec une lampe ou des becs de gaz.

Mais c'est sur mes docteurs que je compte pour empêcher le réveil dangereux de la conscience religieuse. Ils ont pour cet emploi des aptitudes merveilleuses et convenablement salariées, toujours sans inutile prodigalité.

Il faut voir comment, avec des chiffres, des alambics, des cornues et autres instruments précieux, ils démontrent à mes peuples qu'il n'y a de vrai que la matière, que l'Esprit est un mot, que les forces brutales mènent toute chose et ne sont menées par rien !

L'Esprit n'a qu'à se bien tenir, et la Trinité elle-même n'échappera pas à la férule, si elle s'avise de me demander des comptes.

Je ne crains rien des peuples, pas plus que de ceux qui en pourraient diriger la pensée et la conscience.

Les télégraphes et les chemins de fer feront longtemps encore l'admiration des badauds, sans qu'ils y fassent entrer l'Esprit, pour quelque petite participation que ce soit. Les actionnaires font bonne garde.

Mais c'est particulièrement sur les banques que j'assieds ma quiétude évangélique.

Chaque jour, tout Israël entretient, à mon service, l'amour du veau d'or dans l'âme de mes populations.

Avec quelle vigueur les douze tribus entonnent les cantiques en l'honneur du métal tout-puissant !

C'est la Judée dans toute sa beauté, mais la Judée transportée dans mon empire et soumise à ma police, qui est particulièrement bien nourrie, quoique sans inutile prodigalité.

Aussi, je ne conseille pas au Christ de redescendre, car c'est une belle croix d'or massif que mes scribes, mes pharisiens, mes soudards et mes peuples lui dresseraient incontinent.

LA BÊTE

Je me tiens les côtes de rire ! Tout est banal, tout est vénal dans ces fourmillières, et l'Esprit n'y serait pas entendu, s'il y voulait parler.

Partout les mêmes concerts, les mêmes théâtres, les mêmes livres chantent exactement le même refrain : jouir et posséder, posséder et jouir !

L'art est à la merci d'Israël, secondé par les bacchantes.

Aussi le sort final d'Orphée était gai auprès du sien.

Il n'est plus rien de commun entre l'Homme et la

Femme, si ce n'est moi; et ils ont tant bu l'infernal esprit de mes sept coupes, que leur âme est partie dans un vomissement universel.

Ils s'en tuent de dégoût, ou bien ils passent à d'autres exercices qui ne sont pas plus faits pour nous donner de l'inquiétude.

Après les courtisanes, après les hétaïres, ce sont les chevaux et les chiens qui tirent la ficelle de mes pantins et qui en gouvernent les mœurs.

Aussi elles vont vite!

L'Esprit? où donc se poseraient ses colombes?

Mes pantins ont d'habiles cuisiniers; ils aiment la chasse et les fins soupers. Gare aux colombes célestes, car il y a des truffes sur la terre!

Où se réfugieraient-elles, les pauvrettes?

Dans les couvents? N'en as-tu pas les clefs?

Dans les salons? Ce sont des rues éclairées *a giorno*.

Dans les familles? La femme est athée ou bigotte: dans les deux cas elle est à moi, car je tiens l'Homme par vous, et elle par moi et par Satan.

Pauvres colombes, croyez-moi! demeurez dans le colombier céleste!

L'ANTECHRIST

Elle a parlé comme un ange!

L'ANTI-DIEU

Si nous buvions à sa santé ?

LA BÊTE

Buvez, buvez, maîtres du domaine terrestre, et ne craignez rien du royaume de Dieu.

L'ANTECHRIST

La Jérusalem céleste n'est bâtie que sur des hypothèses, au bout du compte.

L'ANTI-DIEU

J'ai toujours craint les villes bâties sur pilotis. Cependant, je veux le gouvernement de la mer comme celui de la terre ferme ; mais la mer est salée, et j'aime mieux le vin de tes coupes.

LA BÊTE

Buvez encore, buvez toujours : mes sept coupes sont grandes comme la mer, et je puise dans l'Enfer souterrain, qui est inépuisable.

L'ANTECHRIST

Holà ! Seigneur, vous buvez trop.

L'ANTI-DIEU

J'en suis le maître, j'imagine ?

L'ANTECHRIST

Le maître ? Et moi, qui suis-je donc, s'il vous plaît ?

L'ANTI-DIEU

Mon serviteur et rien de plus, monseigneur.

L'ANTECHRIST

Tant qu'il me plaît de vous servir.

LA BÊTE

Buvez encore, buvez toujours. A peine vidées, mes sept coupes sont encore pleines.

L'ANTI-DIEU

Tu me serviras bon gré, mal gré, toi, tes loges, tes temples, tes églises et tes synagogues.

L'ANTECHRIST

Il est encore des rois qui croient en Dieu : ne m'irritez pas.

L'ANTI-DIEU

Je te brave : prends garde à ma colère.

L'ANTECHRIST

Les menaces appellent la guerre. Soit ! Je suis dans mon droit.

L'ANTI-DIEU

Moi, dans ma force. Voyons la Force de ton droit, aux prises avec le Droit de ma force.

LA BÊTE

Alerte ! les voilà qui vont se déchirer. Sortez de terre, instincts de la brutalité ! Sortez de l'Enfer, démons du meurtre et du carnage ! A moi, flammes des haines volcaniques ! Que la terre soit prise d'un immense tremblement ! Que les armées s'entre-choquent ! Que les hommes se changent en brutes féroces, la vie en mort !

Rugissez, tempêtes ! Brillez, éclairs ! Tonnez, foudres ! Accourez du haut des montagnes, aigles, corbeaux, vautours ! Sortez des bois, loups, chacals, hyènes ! Réjouissez-vous, serpents, vipères, aspics et vers de terre ! Et toi, Satan, surgis et embrasse-moi, car le monde est à nous deux.

LES ROIS MAGES

Ne tremble pas, Femme, quoi que tu puisses entendre et voir. Nous sommes sur la montagne inaccessible, et les puissances célestes sont avec nous.

Un spectacle terrible se déploya alors sous les yeux de la Femme : celui de l'impuissance de l'Homme à créer sans Dieu, et de sa fatale puissance à se détruire sur les ruines des choses divines et humaines.

Le soleil s'était levé à l'Orient enveloppé d'un suaire de nuages sanglants. A l'Occident, la lune livide regardait mourir les étoiles. La mer était orageuse, et d'un vert jaunâtre et malfaisant comme le ventre des reptiles. La terre était noire et rouge comme une nuit de crime. Du haut des montagnes, elle envoyait ses oiseaux de proie vers les plaines, et leurs tourbillons passaient dans des nuées fulgurantes avec de grands et effroyables cris. Du fond des plaines, elle émettait des effluves opaques, elle ouvrait ses pores pour boire le sang de l'Homme. Les vers en tressaillaient de joie dans ses entrailles, les spectres des morts en sortaient vêtus de gaz phosphorescents. Les sources, les torrents, les rivières et les fleuves bouillonnaient et se couvraient d'une vapeur sulfureuse. Le continent tremblait comme sous une infernale pression. Les trois volcans fouillaient le ciel d'un jet de lave enflammée, ils lui rendaient éclairs pour éclairs, foudre pour foudre. Le ciel, lui, était obscurci par tout ce qui montait des flancs ténébreux de la terre ; sombre comme du plomb, il ne laissait apparaître son soleil que semblable à une meule de fer rouge.

L'Antechrist avait déployé ses bras armés ; l'Anti-

Dieu, ses chaînes et ses tonnerres. Les flottes sortaient des ports comme des polypes gigantesques; les armées s'élançaient des villes, comme des serpents aux millions d'anneaux.

Les tambours, les clairons, les cris des commandements, montaient stridents vers les nuées. Tout à coup, flottes et armées commencèrent à cracher le souffre et le salpêtre, et les batailles s'engagèrent du Nord au Sud et de l'Est à l'Ouest.

« A moi, mes peuples! criait l'Antechrist.

« A moi, nations ! hurlait l'Anti-Dieu.

« Qui de nous deux sera le maître de la terre ?

« Qui ceindra à la fois la tiare et la couronne ? »

Et les roulements incessants de la fusillade et de la canonnade, grondant le long des côtes et des frontières, se confondirent avec ceux de la foudre tonnant de montagne en montagne. Et la fumée d'en bas, trouée de rouges éclairs, alla grossir les nuées fulgurantes d'en haut.

On ne voyait plus rien qu'aux feux de la colère et de la haine.

On n'entendait plus rien qu'un épouvantable fracas d'Églises, d'empires, de royaumes et de républiques s'entre-choquant dans les ténèbres.

Sur les vagues inanimées de la mer, comme sur les flots vivants qui se dressaient et s'écrasaient sur la terre, elle versait toujours l'esprit igné de ses sept coupes, et l'affolement des pouvoirs grandissait en eux comme un vertige.

« Satan! Satan! rugissait la Bête ; entends-tu le *Te Deum* dans les Églises de Jésus? »

Du cratère éclatant des volcans partit un immense ricanement.

C'était Satan qui écoutait dans son infernal empire, et la surface de la terre se hérissa.

« Ils louent Dieu de l'égorgement de l'Homme, continue la Bête.

« O prêtres! chantez le *Te Deum* de la guerre ; mais vous, peuples, sonnez les tocsins de la révolution ! »

Un craquement ébranla les os granitiques des montagnes, et les plaines répondirent en oscillant. Tous, furieux, fous, les montagnards, les chasseurs de chamois, les pâtres, se précipitaient vers les ravins, et leurs cris couvraient les bruits tumultueux des torrents.

« Mort aux aigles ! Mort aux vautours ! »

Et, comme le vent emporte et chasse au loin les nuages, ils enlevaient les hommes des plaines à leur glèbe, et les poussaient vers les cités.

Les tocsins et les glas pleuraient sur les villages. Les femmes s'arrachaient les cheveux, et les jetaient au vent de la tempête, désespérées d'être impuissantes à retenir les hommes effrénés.

Les fermes et les châteaux brûlaient, sinistres, sous les cieux noirs.

Ainsi, pendant que les armées des pouvoirs subissaient au loin la loi de Caïn, les peuples se soulevaient dans leurs territoires comme un océan dressé sur son lit par les ailes des ouragans.

Brandissant à leur tour des éclairs et des tonnerres, semblables à des bêtes féroces, les races se ruaient dans les ténèbres.

Sous la lueur des torches incendiaires, elles roulaient comme un déluge vers les capitales.

Et voici l'hymne effrayant que Satan leur soufflait par la gueule rouge des volcans :

« Aux armes ! Sus aux nids des aigles, aux antres des lions, aux palais des pouvoirs ! Mort aux bouviers d'en haut !

« Ils enfoncent dans nos flancs l'aiguillon sanglant de la guerre ; ils agitent devant nos yeux des haillons teints de pourpre chaude, devant nos narines, des vapeurs de sang.

« Ivres de carnage et de rapines, de violences et des venins de la ruse, d'orgueil et d'ambition satanique, leurs guerres sont la somme et la preuve de leurs crimes.

« Ils sont responsables de la mort qu'ils déchaînent : tant pis pour eux si elle les prend aux cheveux !

« Ils se sont élancés des hauts lieux, ils sont descendus de l'autel et du trône pour se massacrer dans les abîmes.

« Voilà des siècles que cela dure, et leur folie recommence toujours.

« Ils nous appellent aux frontières pour soutenir leurs querelles ; mais nous courons aux capitales pour y proclamer nos rébellions.

« Que nous importe qui possèdera les peuples et les territoires ?

« Le travail est notre seul maître ; c'est lui qui nous donne la vie.

« La guerre des pouvoirs est notre ennemie ; c'est elle qui nous donne la mort.

« Mort donc à qui repaît les corbeaux de nos chairs, à qui gorge les vers de nos atomes !

« Pourquoi les taureaux soutiendraient-ils la cause des bouviers ivres ?

« Travailler pour celui-ci, labourer pour celui-là, passe encore ; mais laisser plus longtemps semer nos ossements dans les sillons creusés par nous ?

« Clouons plutôt sur nos sillons la poitrine des bouviers que hante le spectre de Caïn !

« Reste en jachère, ô terre ! Ta fécondité funeste est maudite !

« N'alimente-t-elle pas l'infernale industrie ?

« Aux armes, ouvriers !

« Que les métiers s'arrêtent comme les charrues ; que les forges se ferment comme les granges ! Les mamelles de fer de l'industrie ne nourrissent-elles pas de feu les lions de la destruction, de haine les serpents de la ruse, de luxe la convoitise des puissances rivales ?

« Que le mouvement s'arrête comme le travail !

« Les dragons d'airain qui rampent sur des rails, avec des sifflements, ne portent pas seulement le blé qui donne la vie ; ils emportent aussi les balles et les boulets, noires semences de mort tombant dans la chair des peuples comme le froment de Satan.

« Qu'ils restent gisants dans les fossés, les dragons infernaux !

« Que leur ventre garde la graine homicide qui couche les peuples sur les territoires dévastés, et fait lever la moisson phosphorescente des spectres.

« Cavalerie, artillerie, troupes de pied, soldats, marins, armées et flottes, arrêtez-vous, enfants des peuples et des races.

« Les lions se mangent-ils entre eux !

« Posez plutôt vos griffes d'acier sur ceux qui vous conduisent à la mort ! »

Des cliquetis de chaîne et des détonations retentirent. Les Capitales s'illuminèrent de flammes étranges. Leurs temples, leurs palais, bâtis sur les hauts lieux, se couvrirent d'une crête rouge que le vent secoua dans l'espace ténébreux.

Poussant des cris épouvantables, les villes apparurent enveloppées du suaire sanglant de Satan.

Les feux de l'enfer jaillirent des fondations des cités.

A nous la science de la mort! A nous l'art de la destruction! A nous l'industrie du néant!

Ainsi hurlaient les multitudes.

Églises, universités, théâtres, palais, banques, usines, tout s'écroulait et s'effondrait dans le bruit et dans la fumée.

Prêtres, nobles, héros, savants, artistes, magistrats, riches, tous subissaient le déluge populaire. Des explosions horribles assourdissaient les échos. Des jets d'huiles minérales tourbillonnaient vers les nues, emportant dans leurs flambées des hurlements et des grincements de dents, des huées et des râles.

LES FEMMES

Dieu de Vérité! Dieu d'Amour! Dieu de Justice! Pitié! Nous fuyons les hommes en proie à leurs œuvres de mort!

Nous sortons des villes maudites, nous errons dans les ténèbres aux lueurs des incendies; nous crions vers toi!

Pitié pour eux, ô Père de toute Vérité; grâce, ô Mère de tout Amour; grâce et pitié, ô Fils, ô Roi de la Justice divine!

L'ESPRIT

Allez vers la montagne lumineuse qu'aucun déluge ne peut atteindre! Fuyez le monde de l'Anti-Dieu, de l'Antechrist, de la Bête et de Satan.

LES FEMMES NOBLES

Fuyons la terre qui nous abandonne, nos palais qui s'écroulent, nos châteaux qui brûlent.

Hélas! les temps passés sont revenus.

Les Sodomes et les Gomorrhes sont la proie des feux infernaux.

Fuyons! mais comment ne pas se retourner pour pleurer sur les siècles de gloire qui s'effondrent dans la honte?

O villes! ô campagnes, églises, palais, châteaux! La foi vous gardait; l'athéisme vous a perdus.

Le Christ vous avait assis sur le granit; l'Antechrist vous a précipités dans la boue.

Les sectes ont suscité les partis, les partis ont dissocié les classes; les races, les rangs, les âges, tout a été confondu dans la haine, après avoir été uni par l'amour; dans le scepticisme furieux, après avoir été ordonné dans la foi; dans la rage du désespoir infernal, après avoir respiré dans le ciel l'espérance.

Quel spectacle, ô mon Dieu!

Voilà donc le résultat de la prévarication de nos époux.

Où donc sont maintenant les forts, les maîtres, les seigneurs, ceux qui marchaient sur les sommets et qui dictaient des lois aux abîmes?

Les sommets se sont abaissés, les abîmes se sont soulevés, les forts sont devenus les faibles, les maîtres les esclaves, les seigneurs les serfs.

Tous subissent la volonté d'en bas; et, pour n'avoir plus fait la volonté d'en haut, ils se tordent dans les dernières agonies.

O ciel! où donc es-tu? Les ténèbres qui montent des œuvres humaines ont élevé une voûte tumulaire entre la terre et toi.

O terre! qu'es-tu devenue? Tu t'es entr'ouverte comme une tombe, et, n'ayant plus de ciel pour te contenir, tu as lâché sur les hommes toutes les puissances de l'enfer.

Venez, Femmes, venez! Fuyez l'accouplement des fils de l'Anti-Dieu, de l'Antechrist, de la Bête, de Satan! Les fruits de vos entrailles seraient marqués de tous les signes du mal.

Une société sans foi est comme une terre malsaine et sans culture : rien n'y croît, si ce n'est le germe des fléaux, reptiles, plantes vénéneuses et pestes.

LES BOURGEOISES

Nous vous suivons vers la montagne inconnue, vers l'abri tutélaire, vers le refuge inexpugnable.

Mais comment ne pas gémir sur ces malheureux? La justice divine apparaît dans la nuit des œuvres humaines, sa toute-puissance éclate dans le néant de nos époux athées, dans l'impuissance de leurs lois à remplacer la foi perdue.

Mais elle est terrible, cette justice, et tout ce que nous aimions sur la terre, étant frappé, nous frappe au cœur.

Dans ces fournaises infernales, là, dans ces guerres qui ravagent les champs, dans ces révolutions qui dévorent les villes, sont toutes les racines de chair qui nous attachaient à la vie.

Nos frères, nos pères, nos époux, nos fils, hélas! qui les délivrera d'eux-mêmes?

C'est le sang de nos veines qui bouillonne dans ce déluge. Hélas! Pourquoi nos mères ont-elles enfanté, pourquoi avons-nous fait comme nos mères ?

Cris superflus, plaintes inutiles !

Le fleuve ne remonte pas vers la source, le siècle ne reflue pas vers le passé, le flot des mœurs dissociées par l'athéisme roule avec fracas vers l'engloutissement final.

O Marie ! tu as souffert toutes ces tortures, mais au moins tu avais engendré le fondateur du monde nouveau, du monde à venir, monde ancien, monde passé, paradis perdu pour nous.

Malheureuses, misérables que nous sommes !

Que pouvons-nous pour cette terre désolée, pour cette société mourante, pour ce chaos en proie à l'anarchie de tous les éléments en guerre ?

LES ARTISTES

Hélas ! hélas ! l'enivrement fatal d'une civilisation déréglée a affolé votre société !

De l'ivresse à la mort, elle roule éperdue. Nulle puissance humaine ne saurait l'arrêter.

L'Église n'a plus d'autorité : les schismes l'ont tuée, les sectes la déchirent, l'Anti-Dieu et l'Antechrist la dévorent.

Les pouvoirs n'ont plus de puissance : les partis les divisent et les arment les uns contre les autres.

Les mœurs n'ont plus ni foi, ni loi, ni frein, ni digues.

C'est le déluge épouvantable.

Pitié, pitié sur nous toutes!

Frappons-nous la poitrine, déchirons nos vêtements, jetons nos couronnes!

Le bruit des orchestres a cessé; les chants, les concerts ont fait place aux hurlements féroces.

Le drame est descendu dans la réalité; la tragédie a quitté le théâtre; elle erre dans les rues, elle change en cirque les places publiques, elle s'enveloppe d'une robe maculée de sang.

Un poignard d'une main, une torche de l'autre, un masque épouvantable sur la face, elle répand partout la terreur, elle souffle en tout lieu la folie du crime.

Églises, bibliothèques, musées, merveilles de l'art, adieu! Tout s'écroule avec fracas ou s'envole dans la fumée.

La vénalité de l'artiste, la banalité du public, avaient abaissé l'art au niveau des mœurs; la brutalité de la foule l'a anéanti.

Fuyons! rendons au ciel ce qui venait du ciel.

Enthousiasmes sacrés de l'esprit, entraînements magiques de l'âme, poésie, musique, verbe humain et divin tout à la fois, vous êtes bannis de la société mourante, et nous vous emportons vers la beauté parfaite, vers la grâce immaculée qui est assise au haut des cieux dans les rayonnements de l'éternel Féminin.

LES OUVRIÈRES

Hélas ! comment partir quand ils sont là ? comment rester quand ils sont ainsi ?

Tous les droits sont revendiqués, tous les devoirs sont abdiqués.

Les taureaux ont secoué leur joug, ils donnent de la tête contre le char, de la corne contre les bouviers.

Les peuples marchent sur les pouvoirs ; la révolution suit la guerre ; les États ont vécu ; la société est morte ; le déluge des mœurs a suscité le déluge du sang : mais voilà le jour de colère, et le déluge de feu.

Hélas ! hélas ! nous l'avions dit, espérant que vos époux entendraient nos voix prophétiques.

Pour que les révolutions cessent d'écumer dans les abîmes, il faut qu'elles cessent de sourdre des sommets.

Vos époux avaient en main tout ce qui produit, transforme et conserve : autorité, puissance, pouvoir, science, art, richesse.

Mais, pour produire, il faut l'activité de la puissance, l'amour de l'activité, l'autorité de la foi.

Hélas ! vos époux n'ont pas compris ni voulu comprendre.

La puissance a tué l'autorité, le pouvoir a tué la puissance, la science, la richesse et l'art ont tué le pouvoir, et nos époux, marchant sur l'impuissance des vôtres, se sont rués à la fois sur la civilisation et sur la société.

Le travail béni s'est arrêté. La communion des actes est abjurée comme celle des âmes et des esprits.

La guerre est partout. Le conflit des croyances, des lois et des instincts, déchire et consume les Églises, les États, les races, les familles, les rangs et les âges.

Aussi, après la ruse et la violence, après la guerre et la révolution, la famine et la peste hantent les villes et les campagnes, sortant de terre, descendant le courant des fleuves et soufflant la mort dans l'atmosphère.

Quel spectacle, ô Marie ! Est-ce donc bien la terre? Et le ciel, où est-il? Des ténèbres sillonnées d'éclairs : voilà le ciel que mérite le désordre des choses humaines s'anéantissant sur les débris des choses divines.

TOUTES

Ah ! bravons les éclairs : ils ne menacent que les coupables. Déchirons les ténèbres, en montant plus haut qu'elles.

Voici la montagne lumineuse ; allons plus haut, toujours plus haut !

Marie a sauvé le monde, Jeanne d'Arc a sauvé la France, toutes les femmes, unies par le même Esprit, sauveront les hommes du néant de leurs œuvres.

Gravissons notre calvaire, allons chercher l'inspiration divine qui rayonne sur les cimes lumineuses de l'Église, et prions !

LA BÊTE

Alerte, Satan ! Alerte ! Elles nous échappent !

Les hétaïres seules nous restent avec les sœurs de charité. Sur les premières, notre domination est trop facile ; sur les autres, elle est impossible.

Ah ! c'en est fait de nous si le Christ touche terre dans l'intelligence, dans l'âme et dans le sein de la Femme, si le Verbe de l'Évangile éternel se fait chair dans la pensée de la vierge, dans la conscience de l'épouse, dans les actes de la mère !

Vite! les voilà qui montent vers le ciel! Lève-toi, Satan! Engloutis cette montagne détestée!

N'en as-tu pas été précipité jadis par l'Archange? Vengeance! Défends-moi, défends-toi : un invincible esprit me cloue à la terre.

Le globe trembla soudain : forêts, montagnes, plaines, tout se souleva comme les vagues de la mer.

Satan se dressa dans les ténèbres en rugissant; mais il trébucha comme un homme ivre, et donna du front contre la montagne. Un archange splendide descendit dans la nuit et le chargea de chaînes.

Et sur la montagne, au-dessus des ombres, les femmes chantaient un hymne à l'Esprit créateur, et des voix divines leur répondaient accompagnées par des harpes.

« Tressaille dans les instincts féminins de ta chair, dans les passions inspiratrices de ton âme, dans les facultés créatrices de ton intelligence!

« La Vérité qui est l'esprit du Christ, l'Amour qui est son âme, la Justice qui est la force de son bras, vont t'apparaître dans leur splendeur.

« Nous te saluons au nom de Marie, ô femme terrestre, image de la Femme céleste! Salut Virginité pleine de grâce, Épouse du Seigneur, Mère du renouvellement! Vous êtes bénies dans toutes les femmes chrétiennes, et le monde nouveau qui sortira de vos entrailles est béni. »

TOUTES

Hélas! regardez la terre, plongez vos lumières dans ces ténèbres. Voyez l'Antechrist assis sur les divisions des Églises rivales, l'Anti-Dieu imposant la guerre permanente aux États, la révolution permanente aux peuples.

Ah! puissances célestes, hâtez-vous de sauver nos pères, nos frères, nos époux et nos fiancés!

C'est l'âme de la terre qui crie vers vous par des millions de voix :

Vérité, Amour, Justice, nous vous invoquons à genoux!

Vous êtes éternels, et rien n'est durable que par vous!

Grâce et pitié pour ceux qui vous ont profanés et méconnus, car vous êtes du ciel, et, sans vous, c'est l'enfer!

Ah! souvenez-vous que vous avez tiré

8

l'homme du néant de la vie sauvage; souvenez-vous que vous l'avez affranchi de la nature pour le sacrer roi de l'Éden.

Souvenez-vous que vous vous êtes incarnés dans la Femme après l'avoir inspirée pour sauver la société des hommes.

Père céleste, Esprit créateur, Femme divine, Christ, au nom de l'éternelle parenté qui nous lie! sauvez-nous, sauvez-les, et que l'ordre qui règne par vous dans les cieux descende parmi nous sur la terre!

Alors, du haut de la montagne inaccessible à la dissolution, au-dessus du ciel noir créé par l'Antecrist, par l'Anti-Dieu et par la Bête, dans la lumière éblouissante, apparut la Jérusalem céleste avec ses colonnades, ses portiques, ses ouvertures lumineuses et ses ruissellements de feux divins et de divines harmonies.

Les prophètes, les précurseurs, les apôtres, les martyrs, les saints couvraient les degrés étincelants; et la ville descendait aux sons d'une musique sacrée, portée par la tête et par les épaules des archanges, des anges, des séraphins et des chérubins.

— Hosannah ! criait le peuple céleste.

— Hosannah ! répondirent les femmes chrétiennes de la terre.

Et, sous le ciel noir, l'Antechrist et l'Anti-Dieu continuaient à déchaîner la guerre contre la guerre, la révolution contre la révolution, les mœurs contre les mœurs, les lois contre les lois, les cultes contre les cultes ! Et le sang coulait sur la terre comme un déluge, et le feu jaillissait de l'Enfer comme un océan dressé.

« Regarde ! regarde ! » disaient les Rois-Mages. « Regarde en haut, Femme ! »

Au seuil de la cité divine, Marie était assise sur un trône de diamants. Près d'elle, le Christ était debout, superbe, immense, vêtu de pourpre, couronné d'étoiles. Ses deux puissantes mains étaient posées sur le pommeau d'une épée flamboyante dans la lame lumineuse de laquelle étincelait ce mot : JUSTICE. — Sa poitrine était couverte d'une cuirasse brodée de perles et de pierres précieuses formant les cinq lettres du mot AMOUR. — Les étoiles qui ornaient son diadème disaient : VÉRITÉ.

« A nous, Christ ! A nous ! » s'écrièrent les femmes.

« Me voilà! » répondit le Dieu.

D'un bond, il s'élança de la Jérusalem céleste, porté par des forces divines ; il toucha terre sur la montagne; et la terre en tressaillit, et ses abîmes s'illuminèrent.

Les trompettes célestes sonnaient le jugement dernier, et les femmes prièrent à genoux, disant : « Honneur et gloire au Christ! Il est de retour parmi nous, en esprit et en vérité. »

AMEN.

15 Mai 1874.

PARIS

TABLE

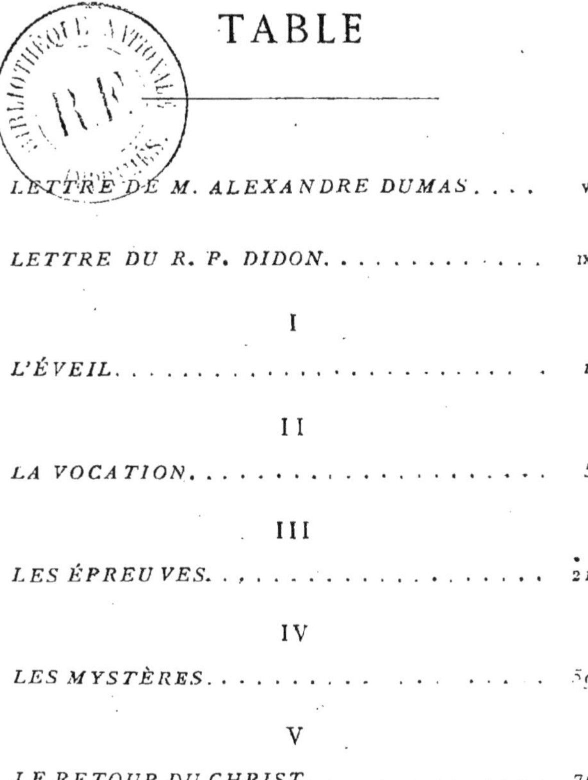

www.ingramcontent.com/pod-product-compliance
Ingram Content Group UK Ltd.
Pitfield, Milton Keynes, MK11 3LW, UK
UKHW020233220726
13923UKWH00002B/623

9 782019 986438